열심히
사는데
재미가 없는
너에게

열심히 사는데 재미가 없는 너에게

초판 1쇄 발행 2025년 02월 20일

지 은 이 박미애
펴 낸 이 윤세민
편집주간 강경수
디 자 인 투에스북디자인
물류지원 비앤북스
펴 낸 곳 산솔미디어

등 록 제 406-2019-000036 호
주 소 경기도 파주시 재두루미길 150, 3층 (신촌동)
        (서울사무소) 서울시 마포구 월드컵북로5길 65 (서교동), 주원빌딩 201호
전 화 02-3143-2660
팩 스 02-3143-2667
이메일 sansolmedia@naver.com

ISBN 979-11-983517-1-5 (03190)

열심히 사는데 재미가 없는 너에게

박미애 지음

산솔
SANSOL MEDIA
미디어

매일 반복되는 일상 속에서 삶의 재미를 찾지 못한 너에게
새로운 도전이 시작될 순간이야.
지금, 삶을 즐길 준비가 되었니?

열심히 사는데 왜 재미가 없을까?

우리는 삶을 사는 동안 수많은 목표를 세우고, 또 그 목표를 향해 줄기차게 달려간다. 하지만 이렇게 열심히 산 삶이 늘 즐거움을 동반하는 것은 아니다. 이 때문에 일상 속에서 우리는 "이렇게 열심히 사는데도 왜 재미가 없을까?"라는 의문을 품게 된다. 특히, 목표를 이루기 위해 힘든 시간을 보내고 있을 때, 이 질문은 더욱 뼈아프게 다가온다.

나의 이야기는 537km의 대한민국 종단을 완주하는 길에서 시작된다. 그 긴 여정은 단순한 도전이 아니라, 나 자신을 마주하고 삶의 의미를 되새기는 과정이었다. 초반에는 그저 완주라는 목표만이 머릿속을 가득 채웠지만, 이 길 위에서 겪은 수많은 순간들이 나를 변화시켰다.

537km의 첫발을 내딛는 순간, 그 장대한 거리는 나에게 너무나 벅찬 도전이었다. 초조함과 걱정이 가득했지만, 동시에 기대감도 컸다. 그 길을 달리며 나의 마음속에서는 질문이 끊임없이 쏟아졌다. "나는 왜 이 길을 달리고 있는가? 진정한 행복은 과연 무엇인가?" 이 질문은 긴 여정 속에서 계속되었다.

달리기를 하는 도정에서 만난 많은 사람들, 그들의 이야기는 나에게 지대한 영향을 미쳤다. 어떤 사람은 달리기를 통해 찾은 자기만의 행복을 이야기했고, 어떤 사람은 고통스러웠던 순간에 버팀목이 되어준 친구들에 대한 이야기도 들려주었다. 이들은 내가 잊고 있던 삶의 즐거움을 다시금 되새기게 해주었다. 나도 그들과 마음의 교류를 하는 중에 비로소 깨달았다. 목표에만 몰두하다 보면 가까이 있는 주변의 소중한 것들을 놓치게 된다는 것을.

종단의 여정은 단순히 거리의 도전이 아니었다. 그것은 나 자신을 발견해 가는 과정이었고, 생각이 여물어 가는 시간이었다. 나는 그 길에서 삶의 다양한 맛을 경험했다. 고통, 기쁨, 실망, 그리고 감사. 이 모든 감정이 맞물려 나를 더욱더 성숙한 사람으로 성장시켜 주었다.

완주를 다짐하며 시작한 여정이었지만, 그 길에서 내가 만난 것은 결국 나 자신이었다. 내가 바라던 진정한 재미와 행복은 그 과정 속에서 발견되었다. 나는 이제 목표만 향해 달리는 것이 인생의 전부가 아니라는 것을 너무 잘 알게 되었다. 진정한 성공은 목적지가 아니라, 그 길을 걸어가는 나의 모습과 그 과정 속에서 발견되는 소중한 경험이라는 사실을 깨달았다.

이 책은 나의 537km 여정에 대한 이야기이자, 그 속에서 찾은 삶의 의미에 대한 고백이다. 독자 여러분도 이 여정을 통해 "이렇게 열심히 사는데도 왜 재미가 없을까?"라는 질문에 대한 답을 다 같이 찾아가길 바란다. 삶은 한 편의 여행과도 같고, 그 여정 속에서 우리 각자는 자신만의 삶의 의미를 찾을 수 있음을 느끼게 될 것이다.

우리가 만들어가는 이 여정 속에서, 이제 함께 나아가 보자. 여러분의 속도와 방향이 여러분의 길을 만들고, 그 길에서 진정한 삶의 재미와 의미를 발견할 수 있기를 기대한다.

_박미애

Contents

Part 4

자신답게 빛나는 길

—

Part 5

끝까지 나아가는 길

—

Part 6

새로운 내일을 맞이하는 길

—

—

Part 1

나를 찾아가는 길

나를 배부르게 하는 것들이 나를 파괴한다.

- 안젤리나 졸리 (미국의 영화배우)

그냥 살 빼고 싶었을 뿐이야

서른 즈음 나는 한 회사에서 근무했다.

당시 본사가 아닌 부천사무소에 근무 중이었는데, 서울사무소와 합병하게 되었다.

서울사무소에 있던 부장은 자연스레 나의 직속 부장이 되었다.

처음으로 만난 부장은 때로는 불같고, 때로는 말랑말랑한 젤리 같았다.

당시 연년생 두 아들을 키우던 나는 워킹맘에 대한 이해도가 높고 세심한 배려를 해주는 부장을 무척이나 신뢰했다.

이런 부장과 함께 일할 수 있다는 사실에 감사하며 즐거운 시절을 보냈다.

그렇게 몇 달이 지난 어느 날,

부장이 "우리 함께 달리기 해보면 어때요?"라며 제안을 했다.

사실 부장이 달리기를 한다는 사실은 알고 있었다.

등짝에 '화마클'이란 단어가 크게 새겨진 싱글렛(민소매 스포츠 의류)을 입고 있는 모습을 보았기에.

처음에는 별 관심이 없었다. 다른 주변 직원들도 같은 반응이 었다.

당시 나는 출산 후 빠지지 않고 유지되던 살 때문에 상당한 스트레스를 받고 있었다. 옆지기는 내 하체를 '코끼리 다리'라며 놀려댄 적도 여러 번이다.

점점 부장의 이야기에 귀가 쫑긋 열린 상황에서 확실한 마침표를 찍는 펀치를 부장이 날렸다.

"우리 부서 직원들의 경쟁에서 1등 하는 사람에게 상금으로 30만 원 줄게요."

환호성이 터져 나왔고, 나는 쾌재를 불렀다.

다이어트도 하고, 상금으로 예쁜 옷을 살 수 있는 기회가 온 것이다.

그렇게 부서의 모든 직원이 10km 마라톤을 준비하게 되었다.

2006년, 넷플릭스는 영화 추천 시스템을 10% 개선하는 팀에게 백만 달러의 상금을 주겠다며 '넷플릭스 프라이즈'라는 대회를 열었다.

마침내 2009년, 'BellKor's Pragmatic Chaos' 팀이 이 대회에서 우승을 하고 상금을 수상했다.

백만 달러라는 거액의 상금은 많은 사람과 팀에게 강력한 동기부여가 되었다.

이는 인공지능 전문가, 과학자, 데이터 공학자들이 대거 참여하게 만들었고, 이 대회에서의 성공은 큰 명성을 얻을 수 있는 기회가 되었다.

넷플릭스 프라이즈는 상금이 사람들에게 얼마나 강력한 동기부여가 될 수 있는지를 여실히 보여주었다.

부장이 1등에게 30만 원을 주겠다고 했던 것처럼.

10km 마라톤은 단번에 올라타서 편하게 이동하는 고속열차가 아니다.

계단을 오르듯 한발 한발 나아가는 준비가 필요했다.

대회까지 주어진 시간은 두 달.

퇴근 후 매일 저녁, 집 앞 공원을 달리기 시작했다.

한 바퀴가 400m인 공원을 달리는 것은 생각보다 쉽지 않았다. 마치 영어공부처럼.

한 바퀴, 두 바퀴, 세 바퀴, 네 바퀴…… 하루도 쉬지 않고 달렸다.

달릴수록 가벼워지는 몸과 발걸음. 그렇게 4주 만에 5km를 달릴 수 있게 되었다.

6주째에는 몇 바퀴를 돌았는지 세기도 어려운 숫자까지 달렸다. 정확치는 않지만 20바퀴 정도, 약 8km다.

대회를 2주 앞두고 부장 주도하에 참가자 전원이 모여 부천 중앙공원에서 8km를 달렸다.

나의 모의고사 성적표는 1등이었고, 본 게임에서도 이변 없이 1등을 했다.

그냥 살을 빼고 싶었을 뿐인데, 30만 원이라는 큰돈과 13kg의 체중 감량으로 이어진 경험은 내 삶에 큰 전환점으로 작용해 인생의 흐름을 바꾸어 놓았다.

사소한 제안으로 시작해 내 마음의 대문을 열게 한, 알고 보면 별것 아닌 시작이 전혀 다른 나를 만들어주었다.

영국의 세계적인 가수 아델(Adele)은 과거에는 자신의 체중에 큰 신경을 쓰지 않다가 아들을 출산한 후 더 건강한 삶을 살고자,

목소리를 더 잘 관리하고자 체중 감량을 결심했다고 했다. 자신의 체중 감량이 음악 활동에 더 큰 에너지를 충전해 주었고 이로 인해 더 나은 무대와 곡조를 팬들에게 보여줄 수 있었다고 말했다.

아델이 다이어트를 통해 무대에서 더 많은 에너지를 발산할 수 있었다고 말한 것처럼, 나 역시 인생 첫 10km 달리기를 통해 몸이 훨씬 가벼워지는 것을 느꼈다.

신체적인 변화는 단순한 외적인 모습뿐만 아니라, 자신을 새롭게 발견하는 과정이자 내면의 강인함을 깨닫는 전환점이 되었다.

무거웠던 몸처럼 정신도 엄청난 무게의 벽돌에 짓눌려 있던 나였다.

'이렇게 살면 뭐 어때?'라며 나의 전진을 가로막고, 나 스스로를 가두었던 시절이 있었다.

8주간 쉬지 않고 달렸던 나는 비로소 '어떻게 살까?'를 고민하게 되었다.

이 과정을 통해 내 삶의 질이 향상되었고, 새로운 가능성을 발견했다.

나의 변화는 단순한 체중 감량을 넘어, 삶에 대한 태도와 목표를 고민하는 계기가 되었다.

사실 시작은 그냥 살 좀 빼보겠다고 한 달리기였는데,

달리다 보니 점점 재미가 붙었어.

그땐 몰랐어. 그게 내 인생을 이렇게 바꿀 줄은.

열심히 사는데 재미가 없는 너에게

구름 뒤에는 언제나 빛나는 태양이 있다.

- 헨리 워즈워스 롱펠로 (미국의 시인)

마음의 곳간이 청소되던 날

내 나이 스물다섯에 선택한 결혼. 마냥 행복할 줄 알았다.

연년생 두 아들을 키우는 것은 쌍둥이를 키우는 것만큼이나 힘들다고 했다.

명절에 정읍 본가에 내려갔을 때 작은아이는 등에 업히고, 큰아이는 내 다리를 붙잡고 한시도 떨어지지 않으려 악을 쓰고 울어댔다. 편히 앉아서 밥 한 번 먹지 못했다.

길가에서 스쳐 지나가는 낯선 어르신들도 '엄마가 참 힘들겠다'는 말을 종종 건넸다.

물론 아이들이 주는 기쁨은 매우 컸다.

퇴근 후 지쳐서 돌아온 내게 사랑한다며 뽀뽀를 해주던 녀석들 때문에 웃는 날이 많았다.

때로는 '이 녀석들 때문에 산다'고

때로는 '이 녀석들 때문에 너무 힘들다'고 했다.

옆지기는 통제가 심했다.

사랑이란 미명하에 가해진 많은 제약들.

무엇이든 함께해야 했고, 내 주체성은 쪼그라들고 옆지기가 원하는 방식으로 살았다.

지금의 내 모습을 보고 과거의 나에 대한 이야기를 듣는 주변인들은 곧잘 놀라곤 한다. '주도적인 삶'을 사는 현재의 내 모습에서 과거의 나는 상상하기도 어렵다면서.

경제적인 면에서도 많이 힘들었는데, 산다는 건 다 그런 줄 알았다. 세상 사람 모두가 그렇게 사는 줄 알았다.

자유의지로 할 수 있는 것이 없었기에, 자유롭게 사는 친구들을 보며 내 인생만 왜 이렇게 힘든가 싶은 생각이 들었다. 그럴 때마다 달렸다.

우울해서 달렸고,

속상해서 달렸고,

힘들어서 달렸다.

나에게 달리는 행위는 기쁨과는 거리가 먼, 오로지 심리적 안정을 위한 수단이었다.

사실 우리는 모두 다 힘들다. 나도 그렇고, 여러분도 그렇다.

많은 사람이 그렇게 생각하며 살아간다.
사람에게는 누구나 말 못할 힘듦이 있으니까.

기계적으로만 달리던 내가 42.195km, 마라톤 풀코스를 완주하던 날은 2012년 동아마라톤이었다.
그 길에서 내 마음의 곳간이 말끔하게 청소되는 경험을 했다.
달릴수록 화남이, 우울함이, 속상함이 소거되고 행복함이, 감사함이, 기쁨이 찾아왔다.
나를 보고 싶어 찾아온 반가운 손님 같았다.
따사로운 햇살이 내 얼굴에 비칠 때, 살아 있고 달릴 수 있음에 감사하고 행복했다.

2015년 미국 하버드대학의 연구에서 규칙적인 달리기가 스트레스와 불안을 감소시키는 데 상당한 효과가 있다고 했다.
연구결과에 따르면 달리기를 함으로써 스트레스 호르몬인 코르티솔의 수치가 감소하여 신체적 긴장을 풀어주고, 마음의 평온함을 유지하는 데 도움을 준다고 했다.
2013년 미국 듀크대학의 연구에서도 달리기가 우울증 환자에게 약물치료만큼이나 효과적이라고 밝혀졌다.

다양한 연구에서 달리기가 우울증과 불안감에 도움이 된다고 한 것처럼, 그 말은 정말 맞았다.

달리는 동안 생각이 정리되고, 걱정이 사라지면서 비로소 나 자신을 되찾는 기분이 들었다.

한때 내가 겪은 경험 중 '힘들었던 일'을 지워버리고 싶었던 적이 있었다.

그러나 이제는 그 어떤 경험도 지워야 할 것이 없다는 사실을 깨달았다.

과거의 고통은 오히려 나의 귀중한 자산이 되어주었고, 깨달음을 선사하며 나를 성장시키는 밑거름이 되었다.

그 덕분에 나도 모르는 사이에 이 경험들이 나만의 강력한 무기로 벼려져 갔다.

이제 나는 더 적극적으로 이중생활을 하고 있다.

일하는 모드의 나와, 깨끗해진 공간에서 달리기를 통해 즐거움을 찾는 나, 두 가지 모습으로.

이 두 가지 모습이 활기차게 교차되면서 나는 더 많은 자유와 기쁨을 느끼는 중이다.

힘든 일도, 괴로운 일도, 호흡하기 어려울 정도로 숨찬 일도

반드시 그 끝이 있어.

그러니 주저하지 말고 무엇이든 시작해 봐.

그리고 외쳐봐! "까짓것 덤벼."

열심히 사는데 재미가 없는 너에게

세상은 고통으로 가득 차 있지만,

그것을 극복하는 사람들로도 가득 차 있다.

- 헬렌 켈러 (미국의 작가 겸 사회사업가)

불행에 먹이를 주지 않기로 했어

2020년 코로나 팬데믹은 가장 큰 이슈 중 하나로 우리 삶에 깊은 영향을 미쳤다.

이로 인해 나는 일할 수 없게 되었고, 생존에 위협받는 상황에까지 처하게 되었다.

내 직업은 성교육강사로서 일종의 교육인이며 전국으로 강의를 다닌다.

그러나 코로나로 인해 대면교육이 어려워지자 자연스레 일자리를 잃게 되었다.

팬데믹 이전에는 '말로 먹고사는 건 문제 없겠다'고 생각했지만, 현실은 그렇게 간단하지 않았다.

답답했다. 언제 끝날지 모를 긴 싸움이.

코로나는 생존만 위협한 것이 아니었다.

내가 좋아하는, 나의 유일한 놀이인 달리기도 할 수 없게 했다.

늘 달리던 공원이 폐쇄되어 달릴 수 없었고, 좋아하는 사람도 쉬이 만날 수 없게 되었다.

그러다 어디를 달릴까 고민하던 중 문득 산이 떠올랐다.

그렇게 나는 난생처음 산길을 달리기 시작했다.

코로나로 모든 마라톤 대회가 취소되었지만 산악마라톤은 예외였다.

나는 소백산 죽고종주(죽령-고치령) 대회와 덕유산 육구종주(육십령-구천동) 대회를 완주하며 산악마라톤의 매력에 점점 빠져들게 되었다.

그러던 중 험하기로 소문난 설악산 공룡능선대회에 참가신청을 했고, 참가비 입금도 마쳤다.

만만한 곳이 아니기에 확실하게 준비를 해야 했다.

그 무렵 정읍에 사는 언니가 발가락 골절 수술로 병원에 입원 중이었다.

언니도 볼 겸 대회 준비훈련도 할 겸, 정읍으로 내려가 내장산으로 향했다.

내 고향인 내장산을 한 바퀴 달린다는 생각에 마음은 매우 들떴고, 초반 경사가 심했지만 발걸음은 새털처럼 가벼워 금세 불출봉에 도착했다.

각기 다른 봉우리의 아름다움에 시선을 빼앗겼다. 그렇게 봉우리의 매력에 빠져든 순간이었다.

입에서 새빨간 피가 멈추지 않을 것처럼 무섭게 흘러나와 돌 위에 내려앉았다.

두 개의 치아는 바닥에 떨어져 있었고, 다리 여러 곳에서도 피가 흐르고 있었다.

내리막에서 봉우리에 시선을 뺏겼을 때 중심을 잃고 돌부리에 걸려 넘어져 입이 바위에 부딪힌 것이었다.

한순간의 부주의로 발생한 2021년 10월 2일의 사고였다.

과거의 차갑고 고통스러웠던 날들이 내 삶에서 최악인 줄로만 알고 있었는데, 내장산에서의 사고가 최악이란 타이틀을 단번에 바꿔버렸다.

왜 봉우리에 한눈을 팔았는지, 왜 조금 더 안전에 신경 쓰지 않았는지 자책을 거듭했다.

온몸이 마치 한겨울에 보일러가 고장나 떠는 것처럼 떨렸다.

그것은 일생일대 가장 큰 사고여서 떨었고, 두려워서 떨었고,

달리면서 흘렸던 땀이 식어 한기에 떨었다.

지혈할 마땅한 도구도 상비약도 없었고, 처치할 만한 것이라곤 배낭에 있는 양말뿐이었다.

휴대폰에서 들리는 119구조대원의 안내에 따라 급한 대로 지혈을 하고 내려갔다.

한 시간 정도 내려가서야 출동한 119구조대를 만날 수 있었다.

구조대원은 내 상태를 체크하더니 치아 두 개는 부러졌고, 한 개는 덜렁거린 채 달려 있으며, 입술이 심하게 찢어졌다고 했다.

내 몸은 여전히 떨고 있었지만 내가 좋아하는 캐모마일 티를 마신 것처럼 은은한 향과 따뜻함이 느껴졌다.

구조대원을 만난 후 나는 그렇게 조금씩 안정을 찾아갔다.

'왜 하필 나에게 이런 불행이 찾아왔을까?' '내 인생은 왜 이렇게 고통이 많은 걸까?'

내 탓이 아니라 남의 탓인 양 화살을 돌렸다.

페이스북의 COO였던 셰릴 샌드버그와 조직심리학 교수 애덤 그랜트가 함께 쓴 책《옵션 B》는 역경 극복을 방해하는 요소 중 하나로 모든 것을 자신의 잘못으로 돌리는 개인화를 꼽았다.

내가 그랬던 것처럼.

많은 시간을 지체한 후 대학병원에 도착해, 잇몸에 남아 있던 두 개의 치아 뿌리를 제거하는 수술을 받았다.

덜렁거리는 치아는 몇 주 더 지켜보고 결정하자며 움직이지 않도록 고정시켜 주었다.

입술은 스물다섯 방을 꿰맸다.

사고 당일의 얼굴 붓기는 조금이었지만 이튿날은 제법 많이, 사흘째는 매우 많이였다.

거울 보는 시간이 괴로움의 시간으로 전환됐다.

원래 인간이었던 왕자가 마녀의 저주를 받아 흉측한 야수로 변한 자신의 모습을 보고 충격을 받은 느낌과 비슷하다고 할까.

한동안 거울을 고의적으로 피했다.

그것이 나를 위한 좋은 선택이라 생각했다.

무슨 이유에서인지 얼마 동안 내 의지와 관계없이 침이 계속 흘러나왔다.

마치 뜨거운 날 강아지가 혀를 내밀고 흘리는 침처럼.

침은 입술 위를 덮었으며, 민감한 입술은 좀처럼 아물지를 않았다.

감염에 재감염. 계속되는 감염으로 날마다 성형외과에서 고름을 짜내길 한 달 반.

상처는 아물었지만 꿰맨 입술 주변은 돌처럼 딱딱해졌고, 조금 피곤하기라도 하면 입술이 퉁퉁 붓는 후유증을 얻었다.

흉터 제거 수술도 받아야 했다.

총 여덟 번의 흉터 제거 수술,

덜렁거리던 치아를 뽑고 임플란트를 완성하기까지 걸린 시간 1년.

1년이란 시간을 보내며, 내장산에서의 사고가 나에게 얼마나 유익했던 것인지 깊이 되새겨 보았다.

사고 부위가 눈이 아니어서 다행이었고, 비록 흉터를 완벽하게 제거하진 못했지만 이만하길 다행이란 생각이 들었다.

누구는 성형외과에서 안젤리나 졸리의 입술을 일부러 만든다는데, 나는 평생 도톰한 입술을 갖게 됐으니 웃픈 일이 아닐 수 없다.

내장산에서의 사고는 나에게는 불행이 아니라 오히려 주의력을 한층 고취시키기 위해서 찾아왔을 것이라고 생각했다.

그래서 나는 불행이 자연스럽게 지나가도록 내버려 두었고, 대신 그것이 내게 어떤 교훈을 남겼는지, 또 내 삶에 어떤 긍정적인 변화를 가져올 수 있을지 따져보았다.

그렇게 불행을 그저 나의 이야기를 채워가는 조각으로만 인식하고 결코 주인공으로 만들지 않았더니, 내 삶에서 최악이었던 날이 내 삶의 최고의 일부가 되었다.

결국 나는 더 이상 불행에 먹이를 주지 않기로 했다.

그러니 여러분도 불행을 한낱 지나가는 손님으로 생각하고, 그저 가볍게 인사한 뒤 보내야 한다.

그러면 어느새 삶의 새로운 빛깔을 발견하여 하루하루가 더욱 풍요로워질 것이다.

불행은 깊은 진실을 깨닫게 하려고,

나를 더 괜찮은 사람으로 거듭날 기회를 주기 위해 찾아와.

그러니 자책하지 말고 그때마다 마법의 주문을 외워봐.

'이만하길 다행이야.'

위대한 일들은 한 번의 도전으로 시작된다.

− 로버트 슐러 (미국의 목사)

살던 대로 살기 싫어서 선택을 했어

사고 후, 새로운 변화를 주고 싶었다.
삶의 의미를 다시 찾고 싶었다.

오스트리아 출신의 F1 레이싱 드라이버인 니키 라우다는 1976
년 독일 그랑프리 대회에서 큰 사고를 당해 차량이 불타면서 생사
의 갈림길에 섰다. 얼굴과 몸에 심각한 화상을 입었지만 놀랍게도
사고 후 불과 6주 만에 다시 경기에 복귀했다. 라우다는 한 인터뷰
에서 다음과 같이 말했다.

"사고 후에 '레이싱을 다시 할 수 있을까?'라는 두려움이 컸지
만, 나는 그 두려움을 극복해 내야만 했다. 나는 더 이상 과거에 얽
매이지 않기로 결심했고, 그 결단이 나를 성공으로 이끌었다."

나 역시 니키 라우다처럼 과거의 내가 아닌 새로운 나를 만나고

싶었다.

변화에 대한 갈증은 시간이 갈수록 커졌고, 살던 대로 살기 싫었던 내가 찾은 답은 '울트라마라톤'이었다. 울트라마라톤은 100km 이상을 잠을 자지 않고 달려야 하는, 강한 체력과 정신력이 요구되는 마라톤 경기다.

그리하여 달리기를 시작한 지 13년 만에 울트라마라톤에 발을 내딛게 되었다.

뭇 사람들은 무엇인가 새롭게 시작해 보고 싶다고 말하면서도 막상 도전할 용기를 내지 못한다.

손에 쥔 편안함을 놓지 못해서, 이불 밖은 위험하다면서, 굳이 할 필요가 없다면서.

나는 고민 따윈 없었다.

내가 가야 할 길이라는 확신이 들었다.

아무런 정보 없이 100km 마라톤 대회인 2022년 무지원, 써바이벌 세종 울트라마라톤에 참가신청을 했다.

어떤 세상이 펼쳐질지, 어떤 울림을 받을지 설레임으로 준비에 전념했다.

밤을 새워 달리는 경기라 여자인 내 입장에선 안전에 대한 걱정이 많았다.

함께 갈 파트너가 필요했다.

부천 '두발로'에서 만난 친구 영원이가 제격이다.

영원이는 기꺼이 내 제안을 받아들였고, 우리 둘은 새로운 길을 향한 준비에 나섰다.

밤새 달려본 적도, 50km 이상을 달려본 적도 없었다.

밤을 새워 달려야 했고, 거리부터 늘려야 했다.

영원이와 부천 중앙공원에서 출발해 정서진을 찍고 돌아오는 50km 코스를 계획했고, 실행에 옮겼다.

인생 최대 거리를 달렸지만 신기할 정도로 발목, 무릎, 다리, 어디 한 군데도 아픈 곳이 없었다.

힘든 일이 있었다면 그것은 배고픔뿐.

깨달았다. 장거리 달리기는 연료통이 비워지지 않도록 잘 먹어야 한다는 사실을.

대회를 한 달 가량 남기고 둘레가 1.6km인 부천 중앙공원에서 영원이와 60km 달리기에 도전했다.

3월 초라 추위와 싸워야 했고, 배고픔과도 싸워야 했다.

같은 곳을 계속해서 달리는 일은 여간 지루한 게 아니다.

그러나 우린 지루함을 잊고 추위와 배고픔을 견디며 60km를 완주해 냈다.

완주 후 마셨던 막걸리 맛은 한여름에 퍼붓는 소나기만큼 강렬하고 짜릿했다.

한 달 뒤 충만한 자신감으로 대회장의 출발선에 섰다.

기나긴 여정을 영원이와 함께하며 70km까지는 그럭저럭 갈 만했다. 문제는 그다음부터였다.

한 번도 아프지 않았던 발목이, 허리가, 어깨가 아프고 쑤셔 온다.

발가락에 잡힌 물집의 통증과 팬티라인의 쓸림은 환장의 콜라보였다.

진통제를 한 알 먹었으나 통증은 나를 비웃기라도 하는 듯 그 상태 그대로 가라앉질 않았다.

하는 수 없이 걷다 뛰다를 반복할 수밖에 없었다.

4월 초였지만 새벽 추위는 차디찼고, 화장실 핸드 드라이어에 손을 녹여가며 체온을 유지했다.

장거리 달리기에서 이겨내야 할 것은 통증뿐 아니라 날씨가 추가됨을 그때 알았다.

아무 생각이 없었다. 그저 레이스가 빨리 끝나길 바랄 뿐이었다.

재잘대던 대화도 70km 이후부터는 뚝 끊겼다. 앞만 보고 기계적으로 움직일 뿐.

그렇게 걷고 뛰고를 반복하다 드디어 결승점에 도착했다. 정말끝났다.

성취가 무엇인지 느껴지는 게 없다. 그저 앉아서 쉴 수 있고, 막걸리를 마실 수 있다는 사실에 웃음이 났다.

첫 100km를 뛴 소감이 어떠냐며 대회 관계자가 질문해 왔다.

나는 답했다. '할 만합니다'라고.

명성을 얻으려고 달린 게 아니다.

지금까지 살았던 나와는 다른 나를 만나고 싶어서 달렸다.

후회는 대개 해보지 못함에서 온다고 했다.

'언젠가는 할 거야'라면서 미루고 가둬둔 소망들이 저마다 상자안에 있다. 나는 가둬두었던 소망을 꺼냈고, 도전했으며 성공했다.

내가 가고자 한다면 한 걸음 한 걸음 내딛으며 비록 더디더라도원하는 곳에 가까이 다가갈 수 있음을 몸으로 배웠다.

기회는 새와 같다고 했다. 날아가기 전에 꼭 붙잡아야 한다.
가둬두었던 여러분의 소망상자를 이제 열 차례다.

살던 대로 살기 싫어서 울트라마라톤에 도전했어.

그랬더니 마치 오래된 방 벽지를 싹 뜯어내고 새롭게 도배한 것처럼

또 다른 나를 발견했어. 내 안에 숨겨진 방이 열린 거야.

너도 그 오래된 벽지를 그냥 두지 말고 한번 뜯어봐.

벽 뒤에 어떤 새로운 세상이 숨어 있을지 누구도 모르잖아?

043

Part 1 나를 찾아가는 길

Part 2
내 안의 용기를 일으키는 길

성공한 사람과 그러지 못한 사람의 차이는

단지 용기를 내어 도전했느냐의 여부일 뿐이다.

- 워런 버핏 (미국의 투자가 · 기업인)

308, 내 삶을 바꾼 중요한 전환점이었어

첫 100km 마라톤을 완주한 뒤 나는 몇 번의 대회에 더 참가했고, 입상도 했다.

달릴수록 힘듦은 줄어들고, 세상을 향한 감사함으로 충만해졌다.

문득 내가 어디까지 달릴 수 있을지 궁금했다.

검색을 통해 이름부터 느낌 있는 한반도 횡단 308km 대회를 보고 전율이 느껴졌다.

'그래! 내가 갈 길이 바로 이거야!'

테슬라 CEO 일론 머스크도 도전을 앞두고 두려움보다는 전율과 흥분을 느꼈다고 여러 인터뷰에서 언급한 바 있다. 그가 새로운 도전을 진심으로 즐겼듯 나도 즐겼고, 도전의 가능성에 열광했다.

한반도 횡단 308km 대회는 강화도 창후리 선착장에서 출발해 강원도 경포대까지 한반도를 횡으로 달리는 대회다. 무박 3일간 진행되며, 제한시간 안에 도착해야 완주로 인정된다.

무려 무박 3일이다. 100km 마라톤과는 비교도 되지 않는 장거리다.

알음알음이 있는 선배들은 함께 갈 파트너를 구하는 게 중요하다며 조언했다.

머릿속에 떠오르는 단 한 사람, 영원이다.

그러나 100km를 달리는 것과 308km를 달리는 것은 비교 불가다.

선뜻 '함께 가자'는 말을 꺼내지 못했다.

그런 내 마음을 읽은 걸까. 영원이는 '그 길 함께 가보자'며 내 편에 서줬고, 즉시 대회 참가 버튼을 클릭했다. 천군만마를 얻은 듯 기뻤다.

무덥고 습한 여름을 훈련으로 보냈다.

부천을 출발해 밤새 잠을 자지 않고 한강을 달렸고, 산을 넘었으며, 인천대공원을 달렸다.

훈련의 마무리는 늘 막걸리다.

막걸리는 내게 고통과 기쁨의 마침표다. 달리지 않았더라면 몰랐을 막걸리 맛을 알게 된 건 나에게 확실한 소확행으로 깊이 자리 잡았다.

그렇게 영원이와 나는 함께 호흡하고, 함께 발을 맞추며 약 5개월간의 훈련 기간을 견뎌냈다.

사람들은 내게 어떻게 308km를 뛸 생각을 했느냐고 묻는다.

나는 100km를 뛰었고 그 경험을 통해 충분히 308km를 뛸 수 있음을 배웠다.

스스로 못한다고 지레들 규정하기에 시작조차 못할 뿐이다.

'거기서 뛰었다가 아예 못 뛰게 되면 어떡하려고?' '그만큼 뛰었으면 충분하다.' 주변 사람들이 흔히 했던 말이다. 많은 사람이 합리적인 이유라며 어느 선에서 한계점을 정해놓고 주저앉거나, 아예 시도조차 하지 않는다.

나를 위한 삶, 어쩌면 내 생존과도 직결되는 문제였다.

뛰면서 마음의 안정을 찾고, 새로운 의미의 삶을 시작한 나에게 숫자에 불과한 거리를 넘지 못할 이유는 없었다.

2023년 10월 6일 오후 4시, 강화 창후리 선착장에 서 있는 나를 마주한다.

목표는 정확하다. 10월 8일 낮 12시 안에 경포대에 도착하는 것이다.

나는 결코 실패의 가능성은 생각조차 하지 않았다.

출발 초반은 마냥 신났다.

새로운 도전에, 가보지 않은 길에, 처음 만나는 환경과 사람들에 시선을 빼앗겨 반사적으로 달려나갔다.

비슷한 페이스로 달리는 선수들과 무리를 이루었다 헤어지기를 반복했다.

해안에 다가왔다가 밀려가길 반복하는 파도처럼.

100km 지점까지 계획했던 시간 안에 무난하게 도착했다.

밥을 먹고, 환복을 하고 다시 달린다. 오로지 경포대만 생각하면서.

그 길에서 새로운 인생 선배를 만났다. 동갑내기 친구 세영이다.

세영이는 308km 횡단 경험이 여러 번 있고 울트라마라톤에 찐인 진국 같은 친구다.

나와 영원이가 길을 잃고 헤맬 때도, 준비가 부족해 먹을 것이여의치 않았을 때도 어김없이 나타난 수호천사다.

125km 지점부터 왼쪽 무릎 뒤쪽의 통증이 심상치 않다.

발을 내딛을 때마다 통증의 강도는 커졌다.

두 명의 친구와 함께 가는 길. 그 길에서 통증으로 괴롭다는 말을 차마 할 수가 없었다. 참아야 했고, 다리는 끌어야 했다.

175km 즈음에 이르자 왼쪽 다리를 질질 끌며 더딘 속도로 달리는 것도 쉽지 않다.

영원이에게 솔직하게 말했다.

"함께 골인하는 것이 베스트지만 내가 못 가면 네가, 네가 못 가면 내가 들어가자."

190km 지점에서 위기가 찾아왔다. 영원이의 저체온증.

더 가야 할 것인지, 멈출 것인지를 결정해야 했다.

멈추려고 했지만 그마저도 쉽지 않다.

200km 지점에 도착하면 씻을 수 있고 잘 수 있다며 운영진은 조금만 힘내라면서 우리를 달랬다.

그때까지 우린 무수면 상태였다.

200km 지점에서 한 시간쯤 자고 일어났더니 맑은 샘물처럼 정신이 또렷해졌다.

여전히 왼쪽 무릎 뒤쪽의 통증이 있었지만 완주할 수 있다는 확신이 들었고, 거침없이 달려나갔다. 애석하게도 질질 끌던 다리는 전과 다름없었다.

260km 지점에서 동행했던 영원이와 헤어졌다.

나는 이제 칠흑같이 어두운 밤을 홀로 달려야 한다. 두려움은 없다. 오로지 결승점만 생각하고 달릴 뿐이다.

그 과정에서 나의 발길을 막는 장애물이 딱 하나 있었는데, 그것은 '환시'였다.

환시는 수면 부족 상태에서 나타나는 증상으로 장거리 울트라마라톤에서 흔히 마주치곤 한다.

저승사자 네 명이 좌·우측으로 달라붙어 멈추라고 손짓했다.

저 멀리서는 할머니의 손짓이 계속됐다.

이미 선배들에게 '환시'에 대한 이야기를 많이 들었던 터라 쿨하게 무시했다.

그들이 나를 방해할 때마다 한 걸음 더 나아가야겠다는 의지가 더욱 강해졌다.

이 환시를 극복하기 위해 정신을 더욱 집중하며 외쳤다. 어떤 유혹에도 넘어가지 않고 완주할 나를 믿으니까.

'가짜 따위에게 속지 않아!'

윈스턴 처칠의 명언처럼 지옥을 통과하고 있었지만 계속 달렸다.

300km쯤, 여윤규 선배가 다가와 말을 건넨다.

"제한시간 안에 들어가려면 페이스를 올려서 뛰어야 합니다. 막차는 탈 수 있을 것 같은데, 뛸 수 있겠어요?"

나는 힘껏 '네'라고 답했다.

그때까지 나는 휴대폰 배터리가 방전되어 시간도, 거리도 확인하지 못하고 달리고만 있었다.

지금까지 질질 끌던 내 다리는 없다. 이제 나는 달릴 뿐이다.

그렇게 선배와 함께 빠른 속도로 달리기 시작했고, 마침내 제한시간 3분을 남기고 결승점을 통과했다.

그 순간 우리는 서로를 바라보며 환한 웃음을 나누었고, 감사의 악수를 건넸다.

인생을 살다 보면 포기하고 싶은 순간들이 끊임없이 찾아온다.

절망적인 순간을 참아내는 것은 내가 어떤 사람인지 보여주는 시험대이기도 하다.

308km를 완주하고 한 인터뷰에서 '다시는 안 할래요'라고 말했지만, 그때의 고통이 잊히기도 전에 나는 다시 도전할 대한민국 종단 537km를 상상하고 있었다.

고통스러울 때의 멈춤은 당장의 편안함이 있다. 그러나 멈추어서 느낀 고통은 계속된다.

그러니 당신을 멈추게 하는 목소리에 일침을 가해라.

'꺼져!'

시련이 닥쳤다고 도망가거나 포기하지 말고 정면으로 부딪쳐야 해.

마치 기차가 캄캄한 터널을 뚫고 나가듯이.

제아무리 칠흑 같은 어둠 속이라도 엔진을 멈추지 않으면

결국 빛나는 역에 도착할 수 있어.

자신에 대한 신뢰는 성공의 첫 번째 비결이다.

– 랄프 왈도 에머슨 (미국의 철학자·시인·수필가)

자신감 근육이 키워졌어

1:29:300, 하인리히의 법칙이 있다.

대형사고 한 번이 발생하기 전에는 스물아홉 번의 경미한 사고가 있고, 300번의 징후가 있다는 것으로서 산업재해를 예방하는데 중요하게 여겨지는 법칙이다.

인생도, 달리기도 비슷하다.

300번의 훈련을 시작으로 스물아홉 번의 크고 작은 대회를 경험한 후 최후의 승자가 가장 높은 시상대에 올라갈 수 있다.

밤새 내린 비로 대회 포기자가 많았던 2024년 아산 신정호 울트라마라톤 대회는 정말 험난한 길이었다. 악천후 속에서 누적 고도 7,700m를 달려야 하는, 너무나 힘든 경기였다.

매서운 바람에 몸은 떨리고, 비는 끊임없이 쏟아져 나를 괴롭혔다.

손전등의 불빛이 제대로 보이지 않을 만큼 날씨는 최악이었고, 높은 고지에 올라가자 안개가 자욱해 앞이 제대로 보이질 않았다. 그러나 나는 오직 결승선만 향해 꿋꿋하게 달렸고, 당당히 여성부 1위를 차지했다.

그로부터 한 달 뒤 대전한밭 울트라마라톤 대회가 열렸다. 이번에도 비가 내렸다.

그리고 그 악천후 속에서도 또 여성부 1위를 했다. 나는 두 번째 우승을 만끽하며 자신감이 충만했고, 내가 더욱 강해지고 있다는 사실을 실감했다.

다음 목표는 한반도 횡단 308km보다 더욱 힘들다는 평이 많았던 낙동강 울트라마라톤 200km 대회이다.

308km보다 거리가 짧기에 별다른 어려움이 없을 거라 생각하고 부담 없이 참가했다.

100km 지점까지는 콧노래를 부르며 신나게 달렸다.

그러나 100km 지점을 지나자마자 이어지는 길은 지금까지와는 사뭇 다른 흉흉한 얼굴이었다.

한도 끝도 없는 오르막. 잠시 멈추려 하면 또다시 시작되는 가파른 길.

지금까지 뛰면서 이렇게 가파름이 많은 오르막길을 한 번에 올라본 적은 없었다.

비록 거리는 짧지만 왜 힘들다고들 했는지 뼈저리게 느껴졌다.

징글징글한 길, 사람이 갈 길이 아니라는 길에도 온기가 전해지는 사람이 있었다.

때로는 투덜이로,

때로는 길라잡이로,

때로는 따뜻한 심장을 가진 선배로 무려 180km를 함께 발 맞춘 이주하 선배다.

선배가 사준 밥과 간식은 엄마의 밥상처럼 포근했고 따뜻했다.

덕분에 우린 즐겁게 완주했고, 그 후로도 이따금씩 소식을 묻는 사이가 되었다.

지금까지 내가 울트라마라톤을 한다고 생각했지만, 낙동강을 달리면서 그 생각이 잘못됐음을 느꼈다. 낙동강 200km 대회는 울트라마라톤의 시작이자, 나에게 고통과 힘듦 그 이상의 많은 생각을 하게 만든 대회였다.

이 대회는 단순한 체력의 한계를 넘어서, 내 삶의 진정한 의미를 되돌아보게 하고, 힘든 순간들을 넘어서 더욱더 강해질 수 있는 계기를 마련해 준 대회였다.

내가 느끼는 큰 기쁨 중 하나는 '성장'이다.
미국의 전설적인 여자 테니스 선수인 세레나 윌리엄스는 "나는
평생 싸우는 법을 배워야 했고, 계속 웃는 법도 배워야 했다. 웃으
면 모든 일이 잘 풀릴 것이다."고 했다.
이 말은 어려운 도전 속에서 몇 번의 성공이 자신감을 북돋아
주고, 계속 도전하게 되며, 성장한다는 의미다.
세레나 윌리엄스처럼 나 역시 낙동강을 달리며 쌓인 경험들이
나의 자신감 근육을 키워주는 계기가 되었다.
그 근육은 이제 내 몸에 단단히 붙어 어떤 역경 앞에서도 흔들
리지 않는 내적인 힘이 되었다.

완주 후 친구들의 단톡방에 사진을 올리고 한마디를 남겼다.
"내년에 우리 다 같이 낙동강 대회에 나가자."
이것은 내가 겪은 어려움과 고통을 친구들이 이해해 주기를 바
라는 마음에서,
그리고 함께 고통을 나누며 심리적인 위안을 얻고자 하는 마음
에서 한 말이다.
한 친구가 말했다.

"'쌤통이다. 너희들도 당해봐라.' 그 뜻 아니야?"

나는 그냥 웃었다.

나는 이제 자신감 근육이 몸 구석구석 단단히 붙어버렸어.

어떤 역경이 와도 흔들리지 않는 내가 되었지.

너도 나처럼 자신감 근육을 키워서

'나를 건드려봐'라고 외칠 수 있는 몸짱이 돼봐.

열심히 사는데 재미가 없는 너에게

당신이 할 수 있다고 믿어라. 그러면 길이 보일 것이다.

– 데이비드 슈워츠 (미국의 경영학자)

537킬로미터를 달린다는 게 사실이야?

세상이 참 많이 변했다는 것을 마라톤 대회에서 느낀다.

불과 3~4년 전만 하더라도 풀코스 마라톤에서 2,30대의 모습
은 그리 많지 않았다.

대회 접수 사이트가 마비되는 일은 더더욱 없었다.

이제는 최고급 사양의 컴퓨터와 전광석화급 손가락의 조화가
아니면 접수조차 힘들다.

10km로 시작된 마라톤 인기는 이제 유행처럼 풀코스까지 번
져 때아닌 접수 전쟁 중이다.

또 어떤 대회에서든 젊은 친구들을 쉽게 많이 만난다.

반면 울트라마라톤은 여전히 미지의 영역으로 사람들의 관심
밖에 있다.

관련 영상을 볼 수 있어요.

잠을 자지 않고 밤새 달리는 일은 부단한 단련 없이는 불가능하며, 누구나 선뜻 도전하기도 어렵다.

육체적·정신적 고통을 견뎌낼 준비가 되어 있는 사람만이 참가할 수 있고, 그러면서도 순위나 기록만을 위해서 달리지는 않는다.

나도 그렇다.

308km를 완주했을 때 사람들은 '이제 그만해도 돼!'라는 말을 해왔다.

그럴수록 나는 더 긴 거리를 달려보고 싶은 갈증이 생겼고, 고민 없이 대한민국 종단 537km 대회에 신청했다.

한반도를 가로로 달려 횡단했으니 이번에는 세로로 달려 종단하고자 하는 욕구는 나에게는 마치 숨쉬기처럼 당연했다.

537km를 달리기로 결심한 것은 내 한계를 넘어보겠다는 의지에서였다.

그 결정은 한낱 거리의 문제가 아니라, 내 인생의 새로운 장을 여는 문제로 나의 열정이 담긴 도전이었다.

오프라 윈프리는 "한계를 짓지 마십시오. 더 높이 올라갈수록, 더 멀리 바라볼 수 있습니다."라고 했다. 자신의 능력을 제한하지 말고 되도록 최고의 잠재력을 발휘하라는 의미다.

나도 한계를 정하지 않기로 했고, '갈 데까지 가보자'고 마음먹었다.

울트라마라톤은 자신의 도전정신을 시험해 보려고 달리는 사람도 있고, 그 자체를 즐기는 사람도, 소망하는 무엇인가를 얻기 위해서 달리는 사람도 있다.

이유가 어떻든 뜨거운 불꽃 같은 열정을 품고 달리는 사람들이다.

537km 대회를 위한 준비는 모의고사였던 낙동강 200km를 완주했고, 아픈 곳만 없다면 달리는 것은 문제가 되지 않을 거라 확신했다.

긴 거리만큼 준비물도 상당했는데 100km마다 갈아입을 옷과 양말, 속옷, 모자, 간식 등으로 26인치 캐리어가 한가득 되었다.

참가비가 백만 원이라는 사실에 사람들은 적잖이 놀란다.

'백만 원을 줄 테니 대회에 참가하라'고 해도 하지 않을 것을 되려 돈을 내고 참가를 하니 그야말로 제대로 '미쳤다'고 했다.

비싼 참가비도 모자라 더위와 장마까지 겹친 힘든 길을 군이 왜 가느냐고 묻는 사람들이 많았다.

하지만 나에게는 그 모든 어려움을 극복할 가치가 있었다.

참가비는 나에게 단순한 금전적 부담이 아니라, 이 대회가 내 인생에서 얼마나 중요한 의미를 지니는지를 상징하는 것이었다.

537km를 달리는 것은 단순히 거리를 달리는 것이 아니라, 내 한계를 넘어서고 진정한 나 자신을 발견하기 위함에서였다.

그 모든 고통과 노력은 나에게 더 큰 의미를 부여하고, 더 나아가 내 인생의 새로운 장을 열어줄 것임을 확신했다.

인생을 살다 보면 혹독하게 찾아오는 시련을 피하기란 어렵다. 시련은 예고 없이 찾아오기도 하고, 그 길에는 다양한 장애물이 존재한다.

미지에 대한 두려움은 누구에게나 있다.

그렇다고 해보지도 않고 판단하는 것은 내 성격과도 맞지 않는다.

나는 할 수 있다고 믿으면 그렇게 된다는 것을 직접 경험으로 배웠다.

또 자신의 삶을 치열하게 그려나가는 사람만이 더 건강하고 더 매력적인 사람임을 너무나 잘 알고 있다.

537km를 달리기로 결심한 후, 완주한 경험을 글로 남기겠다고
마음먹었다.

아울러 조금 더 사실적인 모습을 사진으로 담아내자는 친구 명
섭의 제안을 받아들였다.

그래서 울트라마라톤연맹에 협조를 구한 후, 명섭과 함께 출발
지 부산으로 향했다.

한계 설정 금지.

더 높이 올라가면 더 멀리, 더 많이 보여. 그러니 갈 데까지 가봐.

그렇게 끝까지 가서 잠재력을 발휘해 봐. 성공은 네 앞에 있어.

작은 일들이 모여 큰 성과를 만든다.

- 벤저민 프랭클린 (미국의 정치인·과학자)

빗방울이 모여 강을 이룰 수 있게 준비해

손자병법에서는 전쟁에서 승리하기 위해 철저한 준비와 계획이 얼마나 중요한지를 강조한다.

"승리하는 군사는 승산을 따져 이긴 뒤에 전쟁을 하며, 패하는 군사는 먼저 싸운 뒤에 전투의 귀추를 보아가며 승리를 구한다."

즉, 싸움을 하기 전에 준비와 계획을 철저히 해야만 승리를 할 수 있다는 것이다.

나는 537km 대회를 준비하기 위해 6개월간 매월 300km에서 500km까지 달렸다.

태양이 작열하는 한낮에 산과 들을 달렸고, 비가 오는 날에도 밤새 달렸다.

실전처럼 배낭에 물과 음식을 넣어 무게감을 느낄 수 있게 했고, 주변 편의점을 이용하기도 했다.

체중 감량도 했다.

먼 거리를 달리는데 가벼울수록 유리하다는 사실을 모르는 사람은 없다.

'몸이 가벼울수록 달리기가 쉽다'는 주장을 뒷받침하는 근거는 차고 넘친다.

잭 다니엘스의 저서 《다니엘스의 러닝 포뮬러》에서는 "가벼울수록 달리기 경제성이 높아진다. 이는 산소 소비가 줄어들어 VO2 max(최대 산소 섭취량)가 상대적으로 증가한다."고 말한다.

결국 가벼울수록 달리기 경제성이 높아져 장거리 달리기에서 더 오래 버틸 수 있게 되는 것이다.

308km를 달렸을 때 내 몸무게는 약 56kg이었다.

537km를 준비하며 나는 적정 몸무게를 52kg으로 설정했고, 식이요법과 운동으로 그렇게 만들었다.

그 몸무게를 꾸준히 유지하며 대회에 참가했다.

울트라마라톤은 50km마다 컷오프(cut off) 시간이 있다. 일명 제한시간이다.

나는 경험 많은 선배들의 조언을 듣고 목표를 설정했다.

컷오프 시간보다 약 3시간 정도 빠르게 CP(check point)를 통과

하는 것으로 성했다.

긴 여정 동안 여분의 옷이 많이 필요하기 때문에 갈아입을 옷들과 양말, 속옷까지 준비했다.
그리고 초코파이, 에너지바, 죽 등의 간식도 준비했다.

마라톤 준비는 내가 평소에 달려왔던 방식 그대로 하는 것이 최선이다. 식단도 마찬가지다. 특별한 음식을 섭취하기보다는 늘 먹던 대로, 내 몸에 익숙해져 있는 음식이 최고의 연료다.

마찬가지로 달리기에서 중요한 또 하나의 요소는 내 몸과 마음에 이미 익숙해진 것들을 사용하는 것이다. 새로운 장비는 언제나 위험이 따른다. 낯선 신발이나 옷은 작은 불편에서부터 치명적인 부상으로까지 이어질 수 있다.
그래서 나는 늘 신던 신발을 챙겼고, 자주 입었던 옷을 준비했다. 이들은 내 몸에 딱 맞아떨어지는, 말 그대로 나와 함께 달리는 동반자 같은 존재였다.

하지만 유일하게 새로 장만한 장비가 있었는데, 바로 랜턴이다. 어둠 속을 달릴 때 빛은 생명선이다. 시야가 흐릿하면 발을 더듬

게 되고, 또 정신마저 흐려진다. 그래서 나는 아주 밝은 랜턴을 구입했다.

이 랜턴의 강한 불빛은 제아무리 컴컴한 암흑의 장막 속이라도 충분히 뚫고 나아갈 수 있을 것이라는 자신감을 북돋아 주었다.

랜턴은 단순한 장비가 아니라, 내가 끝없이 달려나갈 수 있는 용기와도 같았다.

남들이 선택하지 않는 길을 가는 것은 고된 여정이 될 터이므로 마음의 준비도 필요했다.

내가 생각하는 준비물 중 가장 중요한 것은 바로 이 마음의 준비다.

대회를 앞두고 내가 맨 먼저 했던 것도 마음의 준비였다. 복잡한 생각을 다 지우고, 목표에만 집중했다.

'나는 무조건 도착지인 임진각에 도착한다.'

그 어떤 변수나 어려움이 있어도 내가 향할 곳은 오직 도착지란 사실 하나만을 머릿속에 남겨두었다.

어려운 길을 달리며 겪는 고난과 시련에 맞서기 위해서는 먼저 자신을 다잡는 마음가짐을 갖추는 것이 중요하다.

마음이 준비되면 어떤 상황에서도 흔들리지 않고 자신이 설정한 목표를 향해 나아갈 수 있다.

기회란 준비의 동의어라 했다.

제대로 준비하지 못하면 어렵사리 찾아온 기회를 날려버리기 십상이다.

차근차근하고 틈 없는 준비야말로 성공으로 연결된다.

인생에 완벽한 준비란 있을 수 없겠지만, 준비를 제대로 할수록 삶은 비단결처럼 부드러워지고 매끄러워진다.

드디어 빗방울이 모여 강을 이룰 수 있을 만큼 537km를 향한 나의 준비는 마음의 준비까지 모두 끝났다.

구체적인 준비물들과 대책들을 모아서

성공의 강물을 흐르게 해야 해.

잘 준비된 사람만이 그 흐름을 타고 큰 승리를 낚을 수 있으니까.

열심히 사는데 재미가 없는 너에게

꿈꿀 수 있다면, 이룰 수 있다.

- 월트 디즈니 (미국의 애니메이션 선구자)

태종대, 진짜 시작이야

태종대는 부산을 대표하는 명소이지만, 나에게는 인생 최대 거리 도전을 상징하는 특별한 곳이었다.

종단 마라톤의 출발 시각이 2024년 7월 6일 토요일 아침이었기에, 그 전날인 금요일에 부산에 도착해 마음을 다잡으며 새로운 시작을 조용히 기다렸다.

모든 선수가 태종대 주변의 숙소에 모여들었고, 우리는 함께 대회진행에 관한 대화를 나누며 중요한 시간을 보냈다.

각자의 방으로 흩어지기 전에 진행된 테크니컬 미팅은 대회에 대한 설명과 안전수칙을 숙지하는 중요한 자리였다.

이 미팅에서는 대회 중 반드시 지켜야 할 규칙들, 예상되는 위험 요소들과 그에 대한 대처 방법들을 세세하게 짚어주었다. 그리고 필수 장비에 대한 사전 점검도 랜턴부터 시작해 작은 장비 하나하나까지, 대회에 필요한 모든 것들이 제대로 준비되었는지 빈 틈없이 확인했다. 이 모든 과정 중에 나는 설명을 집중해서 들었고, 마음속에서는 긴장감이 서서히 피어올라 왔다.

숙소에는 각 체크포인트에 보낼 기호식품들을 담을 수 있는 바구니가 놓여 있었다.

일명 드롭백(drop bag)이다. 드롭백은 울트라마라톤 대회에서 주로 사용되는 용어로, 대회 중간 지점이나 보급소에서 선수들에게 필요한 물품을 담아두는 개인 가방을 의미한다.

혹여 허기에 지쳐 달리기를 멈추게 되는 일이 발생하지 않을까 걱정되어 나는 여러 기호식품을 준비해서 조심스럽게 그 바구니에 넣었다.

그때 한 선배가 다가와, 종단 마라톤에 참가했던 여성 주자들의 높은 완주율에 대해 이야기해 주며 나에게 용기를 북돋아 주었다. 선배의 은근한 응원의 말 속에서 나는 큰 위안을 얻었고, 자신감을 가질 수 있었다.

저녁을 먹은 후 나는 일찍 잠자리에 들려고 했지만, 생각처럼 쉽지 않았다.

내일 떠날 537km의 여정이 머릿속에서 계속 맴돌고 있었기 때문이다.

그 고난의 여정, 내가 몸과 마음을 다해 준비한 이 도전이 내일 아침이면 시작된다는 생각만으로도 심장이 요동치고 있었다.

침대에 누워 눈을 감아보려고 애써 봤지만, 떨림과 긴장감 때문에 잠이 쉽게 오질 않았다. 몸은 피곤했지만 정신은 깨어 있었다.

'과연 내일 어떻게 될까?'라는 질문이 머릿속에서 떠나질 않았다.

같은 방을 쓴 룸메이트도 나와 비슷한 감정을 느끼고 있을 거라는 생각이 들었다. 아마 그도 마음속으로 내일의 여정을 곱씹으며 쉬이 잠들지 못했을 것이다.

결국 어떻게 잠들었는지조차 모르게, 대략 두 시간 정도 잠을 잔 것 같다.

토요일 새벽 4시.

식당에서 간단한 아침을 먹고 숙소로 돌아와, 달릴 모든 준비를 마쳤다.

주최 측에서 제공해 준 티셔츠를 입고 배낭을 메고 드디어 태종대로 향했다.

태종대의 새벽은 어둠이 살짝 남아 있었고, 바람이 강하게 불었다.

습도는 매우 높았고, 바다에서 불어오는 바람에는 냉기가 섞여 있었다.

주변을 둘러보니 긴장한 얼굴도 있었고, 기대와 설렘이 가득한 표정도 있었다. 나 역시 그들과 다르지 않았다. 이 긴 여정을 앞두고 나도 가슴이 두근거렸고, 기대감도 가득했다.

달리기에 앞서 연맹 측에서 마지막으로 주의사항을 전달했다.

'안전이 가장 중요하다'는 점을 재차 강조하며, 달리면서 꼭 지켜야 할 사항들을 하나하나 다시 짚어주었다. 길고 험난한 여정 속에서 마주칠 수 있는 위험 요소들과 그에 대한 대비책도 꼼꼼하게 설명해 주었다.

모든 주의사항을 들으면서 마음 한구석에 긴장이 감돌았지만, 그만큼 결의도 더욱 굳건해졌다.

마침내, 출발 시간이 다가왔다.

몇 달간의 훈련과 준비를 모두 뒤로하고, 이제는 직접 길 위에 나설 실전의 시간이다.

오전 6시, 발을 내딛는 순간, 537km의 긴 여정이 드디어 시작
되었다.

537km 대장정이 드디어 시작됐어!

첫발을 내딛자마자 흥분이 치솟으면서 마치 내 발이 로켓처럼 느껴졌어.

그토록 기다려온 그날이 실제로 오니까 기쁨이 폭발할 것 같더라구.

'드디어 왔구나!'

Part 3

재미의 꽃이 피어나는 길

앞서 나가는 비결은 시작하는 것이다.

- 마크 트웨인 (미국의 작가)

지금 시작하면 오늘이 복리가 될 거야

오랜 세월 함께한 어느 친구가 자주 하는 말은 '언젠간'이다.

'언젠간' 살 뺄 거야.

'언젠간' 책 낼 거야.

'언젠간' 하고 싶은 일을 할 거야.

미국 독립의 아버지라 불리는 벤저민 프랭클린은 "당신은 미룰 수 있지만, 시간은 그렇지 않다"고 했다.

미루는 동안 시간은 계속 흐르고, 미루기만 하다가는 중요한 대사를 그르칠 수 있음을 경고하는 메시지다.

내가 자주 듣는 말 중의 하나는 '미애는 행동파'다.

무엇인가를 선택해야 할 경우 이것저것 따지지 않고 즉각 행동으로 옮기는 스타일이다.

행동할 때 변화가 시작되고, 변화는 행동할 때 일어남을 너무 잘 아니까.

2024년 6월 8일 광주 빛고을 울트라마라톤에 참가했었다.
낙동강 울트라마라톤 200km 완주 후 딱 6일 만이었다.
다리 상태가 그다지 좋지 않았지만 친구들과 함께하는 대회라
무리수를 두었다.
결국 30km를 가지 못해 다리에 적신호가 왔다.
생에 가장 큰 도전인 537km를 한 달 앞둔 시점인지라 과감하
게 멈추었다.
멈추기로 했으니 포기했고, 나는 오직 537km 완주 목표만 생
각했다.

포기도 내가 선택한 것이고, 선택 후 바로 반응한 것도 나다.
해보지 못함에 대한 후회와 해보고 난 뒤의 후회 중 선택해야
한다면 해보고 난 뒤의 후회를 선택하는 것은 당연하다.
결과 여부를 떠나, 일단 해봄으로써 무엇인가를 반드시 얻기 때
문이다.

지금의 내가 있는 이유는 내가 선택한 결정들 덕분이다.
내가 했던 말, 내가 했던 행동, 내가 마음먹은 결심이 나에게 되

놀아온다.

'언젠간' 할 거야와 '지금' 할 거야에 따라 많은 것이 달라진다.

나는 목표를 설정하면 길을 걸을 때도, 밥을 먹을 때도, 달리기를 할 때도 나를 만들어가는 과정이라고 생각하며 오로지 목표만 생각한다.

537km를 달리기로 결심했을 때 내가 가장 먼저 실천했던 행동은 주변 사람들에게 이 사실을 알리는 것이었다.

달리기 친구들, 친분 있는 지인들, 심지어 성교육 강의를 나가서 만난 수강자들에게도 참가 사실을 알렸다.

내가 이렇게 두루두루 알리고 다닌 이유는 오로지 목표에 대한 성공률을 높이기 위해서였다.

목표가 뚜렷해지면 지금 당장 무엇을 해야 할지가 하나하나 선명하게 떠오르게 마련이다.

자연히 집중력이 강해지고 성공률은 높아진다.

워런 버핏은 "최고의 수행은 복리로 불어나는 이자와 같다"고 했다.

오늘의 조금이 모여서 내일이 되고, 일주일이 되고, 한 달이 되고, 몇 년이 되는 것처럼, 지금 당장의 조금이 중요하다.

'이렇게 살아도 될까?' '어떻게 살아야 할까?'처럼 삶에 대한 고민이 든다면 무언가에 변화가 필요하다는 신호이며 기회다.

그러니 지금 당장 모험의 길을 선택해야 한다.

작은 변화들이 모여 결국 큰 물결이 만들어지는 법이니까.

하고 싶은 것이 있다면,

그럼 그냥 하면 된다.

내가 주저 없이 537km 대회의 참가 버튼을 클릭한 것처럼, 여러분도 즉시 행동으로 옮겨보라.

내 친구의 '언젠간'은 이제 '개한테나 줘버리자'.

인생에서 꼭 필요한 3금은 '소금' '조금' '지금'.

이제 그만 고민해.

지금 시작하면 행동도 이자가 붙어 복리로 불어날 거야.

진정으로 소유해야 할 것은 마음뿐이다.
마음을 비워야 진정으로 채울 수 있다.

- 법정 스님 (불교 승려, 수필가)

비운 만큼 가벼워져

달리기를 시작한 지 얼마 안 된 친구가 이런 말을 해왔다.

"달리기가 돈 안 드는 운동이라고 누가 그랬어?"

나에겐 여전히 다른 운동에 비해 돈이 들지 않는 운동인데, 그 친구에겐 무슨 돈이 그렇게 많이 들어갔을까 궁금했다.

"뭘 샀길래?" 내가 물었다.

친구가 답했다. "시계 40만 원, 운동화 30만 원, 고글 20만 원, 나이키 운동복 30만 원, 양말, 속옷 등등 하니까 130만 원 정도 들던데?"

요즘 많은 사람이 비싼 달리기 용품을 장만하느라 100만 원이 넘는 돈을 쏟아붓는 경우가 많다. 화려한 브랜드와 최신 기술이 적용된 제품들이 마치 성공적인 달리기의 필수 요소인 듯이 여기기 때문이다. 하지만 과연 이 비싼 용품들이 진정한 만족과 성취를 가져다줄까?

나는 그렇게 생각하지 않는다. 오히려 물질적인 부담을 덜어낼수록 마음이 가벼워지고 자유롭게 달릴 수 있다고 생각한다.

러닝 클럽의 동생인 경민은 20대의 나이에 비해 매우 검소하게 생활하는 친구다. 대회에서 제공하는 옷을 주로 입으며, 최소한의 용품들만 챙겨 다닌다.

경민의 말은 단순하다.

"누나, 달리기는 내 안의 나와 싸우는 거지, 내가 어떤 옷을 입고 어떤 신발을 신고 뛰든 그것은 중요하지 않아요."

경민의 태도는 많은 사람이 물질적인 것에 얽매여 고민할 때 더욱 빛을 발한다. 비싼 용품에 대한 욕심을 버리고, 오히려 필요한 것만으로도 충분히 즐겁고 자유롭게 뛰는 모습을 보여준다.

물질적 풍요로움이 아닌, 마음의 여유를 통해 달리기의 진정한 즐거움을 알고 있는 것이다.

달리기를 하다 보면 사고 싶은 물건이 참 많다고 한다. 성능 좋은 시계가 데려가 달라는 신호를 보내는 것 같기도 하고, 새로 출시된 최상급 브랜드의 신발을 신어야 잘 달릴 수 있을 것만 같다.

'질러? 말어?'를 고민하고 또 고민한다.

나는 시계 없이 달린다.

시계를 보며 달려야 할 특별한 이유가 없어 수년간 시계 없이 달리고 있다.

기록도 체크하지 않는다. 그저 길을 찾아 달릴 뿐이다.

어떤 날은 한 시간을 달리고, 어떤 날은 여섯 시간을 달리고, 어떤 날은 밤새 달리기도 한다.

이런 내가 신기한지 "그럼 페이스를 어떻게 조절하느냐?"는 질문을 받는다.

그럴 때마다 내 답변은 매번 똑같다.

"몸이 보내는 신호에 따라 달립니다."

나는 시계 구입에 들어가는 비용 대신 그 돈으로 여행 가는 것을 선호한다.

신발에 대한 욕심도 없다.

다만 관절을 생각해 적절한 액수의 마라톤화는 선택한다.

품질이 좋은 운동화가 부상 방지와 기록 향상에 어느 정도 영향을 주는 것은 맞다. 그러나 나는 기록에 별로 욕심이 없기에 굳이 값비싼 운동화가 필요하지 않다.

새로 출시되는 마라톤화를 장만하기 위한 경쟁도 만만치 않다.

군이 그 신발을 신어야 하는 이유는 뭘까? 브랜드 때문일까, 아니면 유행을 좇아서일까? 남들이 갖지 못하는 신발을 나만 갖고 있다는, 뽐내고 싶은 마음 때문일까? 아니면 잘 달릴 수 있을 것 같아서일까?

물론 값비싼 신발이 더 빠르게 달리는 데 도움이 될 수는 있다. 세계적인 선수들이 그런 신발을 선택하는 이유가 그 때문일지도 모른다.

그러나 울트라마라토너인 나에게는 값비싼 신발이 그다지 중요치 않다.

유튜브를 시작하고 몇몇 대회에서 입상을 하자 '좋은 운동화'를 추천해 달라는 요구를 받는다.

나에게 좋은 운동화가 다른 사람에게 좋은 운동화라는 보장은 없다.

결국 좋은 운동화는 내 발에 가장 편한 신발인 것이다.

법정 스님의 책 《진짜 나를 찾아라》에서 스님은 이렇게 말한다.

"행복의 척도를 소유에 두지 마십시오. 불필요한 것으로부터 얼마나 자유로워질 것인지를 고민하십시오. 욕망하지 않으면 가질 필요가 없고 가지지 않으면 홀가분해집니다. 그 단순함과 간소함 속에서 기쁨과 순수성을 잃지 않는 사람이야말로 진정한 삶을 살 줄 아는 사람입니다."

물질적인 것에 욕심을 내기보다는 비워야 한다는 깨달음을 537km를 뛰면서 깊이 체감했다. 그 긴 여정을 통해 짐을 줄이고, 필요한 것만 가지고 달리는 것이 얼마나 가볍고 편한지를 절실하게 경험했다.

사람은 자신에게 확신이 서지 않을 때 무슨 물건이나 타인에게 의지하려 하는 경향이 있다.

나를 최고로 만드는 것은 시계도, 운동화도, 고글도 아닌 나를 믿는 것이다.

덜어보자. 마음이 가벼워질 것이고, 단순해질 것이며, 새로운 눈을 뜨게 될 것이다.

그동안 뭐든 가득 채우려고만 했다면 오늘부터 비우는 연습을 해보자.

행복의 무게를 물건으로 재지 마.

단순하게, 가볍게 살면서 마음까지 비우면

행복이 풍선처럼 쓱~~ 떠오를 거야.

열심히 사는데 재미가 없는 너에게

"지지자(知之者) 불여호지자(不如好之者),

호지자(好之者) 불여락지자(不如樂之者)"

"아는 자는 좋아하는 자만 못하고,

좋아하는 자는 즐기는 자만 못하다."

- 공자

재미라는 옷을 입었어

'달리기가 놀이인 여자 이야기'
내 유튜브 채널의 배너 문구다.

나는 순수하게 달리기를 좋아하고, 내가 어디까지 달려서 갈 수 있는지가 늘 궁금하다. 나는 달리기를 통해 성장하는 자신을 마주하고, 1등의 위치를 바라기보다 그 여정을 온전하게 누리면서 즐기고 싶다.

대회에 참여하고 대회를 온전히 즐기는 것은 내가 마라톤을 하는 데 가장 큰 보상 중의 하나다. 기록증에 어떤 숫자로 기록될지를 걱정하기보다 그냥 나를 믿고 달리는 것이다.

더 많은 것들을 얻기 위해 달리지도 않고, 그저 달릴 수 있는 건강한 두 다리가 있음에 감사할 따름이다.

뇌에 중요한 역할을 하는 신경전달물질 중에는 도파민과 세로 토닌이 있다.

도파민은 동기부여와 보상, 기쁨과 같은 긍정적인 감정에 관련된 신경전달물질로 알려져 있다. 긴 시간을 필요로 하는 활동에서 도파민 분비는 피로에도 불구하고 계속 달릴 수 있는 정신적 힘을 제공한다.

또한 달리는 동안의 집중력을 유지시켜 주고, 달리는 행위 자체를 즐기게 만들기도 한다.

달리기 용어 중 '러너스 하이(runner's high)'가 있는데, 오래 달려도 전혀 지치지 않고 몸이 가벼워지는 느낌을 받는 것을 말한다. 고통과 피로가 줄어들고 기분이 상승하는 현상으로, 많은 마라토너들이 이 경험을 통해 운동의 즐거움을 느낀다. 나도 가끔씩 경험한다.

세로토닌은 기분 조절, 안정감, 행복감과 관련이 깊은 신경전달물질이다.

달리는 동안 스트레스를 완화하고, 기분을 안정시켜 주어 장거리 달리기에서의 피로감과 스트레스를 줄이는 데 많은 도움을 준다.

과거 앞만 보고 달렸던 시기가 있었다.

기록에서 자유롭지 못했고, 그렇다 보니 대회라는 축제를 즐기질 못했다.

숫자로 확인될 기록증에 의미를 두다 보니 눈에 담을 수 있는 것이라곤 앞사람의 뒷모습뿐이었다.

달리다 보면 경주로에서 자원봉사하는 사람들, 목이 터져라 응원해 주는 사람들을 만나게 된다.

과거에는 그들이 전혀 눈에 들어오지 않았다. 그러나 지금은 그들에게 감사의 인사를 건네기도 하고, 같이 파이팅을 외치기도 하면서 달린다.

나에게 마라톤 대회는 내가 가장 좋아하는 거대한 놀이터와 다름없다.

항상 달리기만 했던 코스를 한 번 걸어보았다.

따사로운 햇살이 내 얼굴에 비친다. 달릴 때 보지 못하고 느끼지 못했던 많은 것들이 새삼스럽게 눈에 들어온다. 걸을 수 있음에 감사하고, 살아 있음에 행복했다.

이처럼 행복감을 느끼려면 도파민과 세로토닌의 적절한 조화가 중요하다.

세계에서 가장 빠른 사나이로 불렸던 육상선수 우사인 볼트는 경기를 즐기는 것의 중요성에 대해 이렇게 말했다.

"경주를 즐기세요. 인생은 단 한 번뿐입니다. 인생이 끝났을 때 후회하지 않도록 즐기세요."

나도 우사인 볼트도 축제를 즐겼고, 달리기라는 원초적인 행위를 즐겼다.

어제 달렸던 길을 오늘 똑같이 달려도 그 느낌은 사뭇 다르게 마련이다.

길 자체는 변함없으나 산들거리는 바람이, 내리쬐는 햇볕이, 코끝에서 느껴지는 풀 내음이 어제와 똑같은 날은 하루도 없다.

달릴 때마다 주변의 다양한 모습에 시선을 뺏기지만, 나만의 놀이터에서 달리기라는 놀이를 할 때 나는 가장 행복하다.

울트라마라톤을 한다는 것은 시간과의 경쟁이 아니다.

물론 최소한의 컷오프(cut off)를 통과는 해야 한다.

나는 기록에 전력을 다하는 경주마가 아니고, 입상을 위해 달리는 것은 더더욱 아니다.

조금이라도 오래 내가 가장 좋아하는 놀이를 즐기고 싶은 한 사람의 인간일 뿐이고,

수치로 나타나지 않는 즐거움을 느끼며 그저 달리기에 재미라는 옷을 입은 40대 여성일 뿐이다.

달리기든 인생이든,

결국 즐길 수 있는 자가 챔피언이야!

재미있게 달리는 사람만이

결승선에서 환하게 웃을 수 있으니까.

자신에게 주는 명령이 바로 자신의 미래를 결정한다.

- 루이자 메이 올콧 (미국의 소설가)

두뇌는 실제와 상상을 구분하지 못한대

537km를 달리는 대한민국 종단 마라톤은 부산 태종대에서 출발해 파주 임진각까지 달리는 장거리 대회다. 대회 참가신청 후 준비과정에서 내가 중시했던 행위 중 하나는 심상(心象, mental imagery)이다.

심상은 스포츠 심리학에서 중요한 개념으로, 실제로 행동하지 않고도 마음속에서 특정 장면이나 경험을 생생하게 떠올리거나 상상하는 과정을 말한다. 즉 아직 일어나지 않은 일을 상상하며 희망 사항을 그려보는 것으로, 많은 운동선수가 대회를 앞두고 즐겨 사용하는 방법 중 하나다.

세계적인 테니스 선수 세레나 윌리엄스는 경기 전에 심상을 하기로 유명하다. 마음속으로 경기를 시뮬레이션하고 어떻게 경기에 임할지, 어떤 전략을 사용할지 리허설을 한다고 한다.

물론 심상을 한다고 해서 성적이 매번 최고일 수는 없다. 하지만 심상을 했을 때 승률이 훨씬 높아진다고 했다.

두뇌는 실제와 상상을 구분하지 못한다고 한다. 아니 구분 짓지 않는다고 한다.

이유는 실제와 상상에서 같은 두뇌 영역을 사용하기 때문이란다.

2010년 스탠퍼드대학의 연구 팀은 기억과 상상력 간의 관계를 조사했다. 사람들이 실제 사건을 기억할 때와 상상을 할 때 간의 뇌 활동 패턴을 비교해 보았다. 참가자들에게 과거의 실제 사건에 대한 기억을 회상하도록 하고, 동시에 특정한 상황을 상상하도록 하게 한 후 뇌 활동을 측정했다.

결과는 실제 사건을 회상할 때와 상상을 할 때 전두엽과 해마의 활성화가 유사하게 나타났다.

이 연구는 인간의 뇌가 실제 기억과 상상 행위를 유사한 방식으로 처리한다는 것을 여실히 보여준다.

100km 이상을 달리면 다리는 천근만근 무겁고, 삭신이 쑤시지 않는 곳이 없다.

몸은 괴롭지만 나는 늘 '너무 재밌다' '신난다' '하나도 아프지 않다'고 소리치며 달렸다.

그렇게 하다 보면 온갖 군데가 아프던 몸이 씻은 듯이 가뿐해졌고, 덕분에 신나게 즐기며 달릴 수 있었다.

내가 뇌를 속인 것이다.

537km 대회가 시작되었을 때 부산의 날씨는 습도 100%로 매우 습했고, 기온은 35도로 몹시 무더웠다.

대회 초반에 많은 선수들이 컷오프(cut off)나 DNF(do not finish)를 한 이유이기도 하다.

편의점에서 구매한 얼음을 머리에 이고 뛰거나, 이따금 시원한 생수로 머리샤워를 해야만 했다.

야외에 설치되어 있는 수도꼭지가 보이기만 하면 반사적으로 달려가 세수를 하고, 등목까지 하며 계속 달렸다.

나는 평상시에는 더위를 별로 타지 않지만 달릴 때에는 신기하게도 더위에 약해진다.

그럴 때마다 뇌를 속이는 주문을 계속 걸었다.

'이건 더위가 아니라 즐거움이다.' '새로운 놀이일 뿐이다.'라고.

온몸이 땀으로 젖고 후줄근해졌지만, 더위는 달리기 놀이에 재미를 더하는 첨가제가 되었다.

나는 대회에 신청한 직후부터, 마지막 순간까지 파주 임진각 망배단 앞에 도착해서 최고의 퍼포먼스를 행할 내 모습을 줄곧 상상해 보았다.

그 상상을 거듭거듭 되풀이하고 되풀이했다.

나는 아침 해가 떠오를 때마다 그 따스한 햇살이 내 피부를 스치는 것을 느꼈다. 해가 떠오를 때마다 그 빛은 내 앞길을 비추며 나를 앞으로 나아가게 한다고 상상했다.

성공한 나의 모습을 상상하고 그려보는 것은 나에게 자신감을 북돋아 주고, 심리적 부담을 줄여주기도 한다. 달리는 도중 예고 없이 찾아오는 악조건 속에서도 끝까지 나를 믿게 하고, 어떤 장애물을 만나더라도 뛰어넘을 수 있게 한다.

세계적인 운동선수들과 나에게 두루두루 효과 있는 방법이라면 여러분도 분명히 효과를 볼 수 있을 것이다.

그러니 심상에 힘을 모아 크게 외쳐라.

"나는 내가 목표하는 그곳에 있다"고.

심상이 공상이라고?

아니야. 그것은 최상의 결과를 그려낼 수 있는, 뇌 속 프레젠테이션이야.

마치 실제처럼 생생하게 그리게 되면, 현실도 덩달아 따라오거든.

당신이 생각하는 대로 당신은 된다.

- 마하트마 간디 (인도의 독립운동가)

어떤 늑대에게 먹이를 줄 거야?

LOVE

체로키족 인디언들에게 삶에 대한 중요한 교훈을 일깨우기 위해 전해져 오는 옛이야기가 있다.

할아버지가 손자에게 다음과 같이 말한다.

할아버지   우리 안에는 두 마리의 늑대가 싸우고 있단다. 하나는 악한 늑대이고, 다른 하나는 선한 늑대이지. 악한 늑대는 분노, 시기, 슬픔, 후회, 탐욕, 오만, 자기연민, 죄책감, 원망, 열등감, 거짓말, 허영, 우월감을 나타낸단다. 선한 늑대는 기쁨, 평화, 사랑, 희망, 평온, 겸손, 친절, 선의, 공감, 관대, 진실, 연민, 믿음을 나타내지.

손자   할아버지, 그러면 어떤 늑대가 이기나요?

할아버지   네가 먹이를 주게 되는 늑대란다.

이 이야기는 우리가 어떤 감정과 태도를 취하느냐에 따라 삶의 방향이 달라진다는 교훈을 준다.

우리 내면에 긍정적인 사고와 부정적인 사고가 존재하는데, 어떤 생각과 감정에 집중하느냐에 따라 우리의 행동과 삶이 달라질 수 있다는 것이다.

내가 537km를 달린다고 했을 때 들었던 말은 '그러다가 골병든다' '안 하느니만 못하다' '제정신이 아니구나'였다.

이미 537km를 달린 사람들이 여럿 있고, 나라고 하지 못할 이유가 없다는 나의 말에 '너는 그 사람들이 아니잖아?'라고 했다.

새로운 도전자에게 긍정적이기보다 부정적인 말을 하는 사람이 생각보다 많다.

미국의 심리학자 바버라 프레드릭슨은 《긍정의 발견》이라는 저서에서, "긍정성과 부정성의 비율이 최소한 3대 1을 넘도록 노력하라. 이 말은 부정적 정서를 한 번 경험할 때마다 최소한 세 번은 긍정적 정서를 경험하라는 뜻이다. 이 비율은 번영과 쇠퇴를 판가름 짓는 분기점이다."라고 했다.

그러므로 부정적 정서를 극복하는 데는 훨씬 더 많은 긍정적 정서가 필요한 셈이다.

미 해군 특수부대 출신의 전직 군인이자 울트라마라톤 선수인 데이비드 고긴스는 몰입을 방해하는 4대 악당을 다음과 같이 꼽았다.

악당 1. 주의 산만
악당 2. 부정적인 생각
악당 3. 각성 부족
악당 4. 준비 부족

체로키족 인디언 할아버지도, 심리학자도, 특수부대 출신 군인도 부정적인 생각이 성공으로 가는 길에 큰 장애물이 된다고 지적했다.

사실 부정적인 생각을 모두 제거하긴 어렵다.

다만 무슨 일이든 성공을 위해서는 내 목소리에 반대하거나 부정적으로 말하는 사람들의 목소리를 차단할 줄 아는 지혜가 필요하다.

그래서 나의 도전에 대해 부정적으로 말한 그들에게 속으로 한마디를 날렸다.

'너는 그래서 못 하는 거야.'

반면 '너라면 충분해' '반드시 해낼 거라 믿어'라며 나를 격려하고 나의 성공을 응원하는 사람들도 많았다. 78말띠 마라톤 친구들이 대표적이다.

나는 내 주변 사람들의 말과 태도가 나에게 상당 부분 영향을 끼친다는 사실을 잘 안다.

그래서 더욱더 78말띠 친구들을 아끼고 신뢰한다.

부정적인 말과 생각은 부정적인 결과를 불러오기 마련이다.

537km를 끝까지 완주할 수 있느냐는 질문은 더 이상 필요 없다.

'나는 못 할 거야'라는 생각을 하게 되면 도전 자체를 시도하지 않게 될 뿐 아니라, 설령 시도하더라도 최선을 다하지 않게 되고 쉽게 포기하게 되어 결국 실패하기 십상이다.

긍정적인 에너지를 마음에 채우면 자연스럽게 삶도 빛나는 방향으로 흘러간다.

그러니 주고 싶은 늑대에게 필요한 먹이를 주듯, 나에게도 필요한 먹이를 줘라.

부정적인 생각을 긍정적으로 바꿀 수 있는 사람은 오직 나 자신뿐이다.

혹시 내 안에 있는 두 마리 늑대 중 어떤 늑대가 이길지 궁금하다면,

먹이를 자주 주게 되는 놈이 승자라는 걸 잊지 마.

그러니 긍정의 늑대에게 맛있는 것을 많이 던져줘.

한 번에 하나의 일에만 집중하라.

– 르네 데카르트 (프랑스의 철학자)

내 안에 집중조명을 켜야 해

나는 지금 강원도 태백의 한적한 산밑에 위치한 카라반에서 작업 중이다.

내가 글을 쓰기 위해 태백으로 간다고 했을 때 '왜 태백이야?' '왜 거길 가야 해?'라는 질문을 받았다.

글쓰기 작업을 위해 굳이 집을 떠나야 할 이유는 없다. 그곳이 태백일 필요도 없다.

겨울 여행차 방문했던 태백에서 마음의 안정을 느낀 좋은 기억이 있고, 본가가 태백인 친구에게 한여름에도 시원하다는 이야기를 듣고 결정했다.

무엇인가 집중이 필요할 때 나는 되도록 좁은 공간을 선호하는데, 그런 이유에서 카라반은 나에게 더할 나위 없이 좋은 최적의 장소이다.

친구 명섭은 내게 종종 이런 말을 한다.

'미애한테 배울 점이 참 많은데, 그중 하나가 집중력'이라고.

명섭은 일을 마치고 집에 들어오면 가장 먼저 라디오를 켜는 습관이 있는데, 그 습관은 20대 때부터 계속되었다고 한다.

나는 집에 오면 텔레비전이나 라디오, 유튜브 등 그 어떤 매체도 켜지 않는다.

오로지 할 일에만 집중한다.

명섭이 내가 집중력이 좋다고 말한 이유는 내가 무언가를 할 때 그 일에 완전히 몰입하는 습관을 가지고 있기 때문이라고 했다.

537km를 달릴 때 가장 힘들었던 구간은 350km를 지난 지점부터였다.

강하게 내리쬐는 뙤약볕 아래 달린다고 달렸지만 걷는 속도보다 못할 정도로 속도가 나질 않았다.

편의점에서 산, 얼린 생수는 몇 분도 채 지나지 않아 버터처럼 녹아내렸다.

무거운 배낭 무게 사이로 땀은 척추를 타고 계곡물이 흐르듯 멈추지 않았고, 종아리는 벌겋게 익어 화끈거렸다. 집중해야 했다.

집중하기 위해서는 나를 방해하는 요소들로부터 멀어져야

했다.

한낮의 뙤약볕은 비타민 D를 합성시키고, 많은 농작물의 성장에 도움이 되겠지만 달리는 내게는 아무런 영양분도 주지 못한다. 그러니 더위를 지워야만 했다.

나는 무조건 임진각까지 가야 한다. 그 도정에 뙤약볕은 나의 앞길을 가로막는 장애물일 뿐이다. 가지치기가 필요한 시점이었다.

머릿속에서 몇 시간 뒤도, 내일도, 모레도 지웠다. 오로지 지금 이 순간에만 아무런 잡념 없이 집중했다.

누구에게나 고도의 집중이 필요할 때가 있고, 또 그럴 능력도 있다.

하지만 '뙤약볕'이 자꾸자꾸 의식될 때마다, 뙤약볕은 나의 집중력을 흐트러뜨리는 방해요소가 된다.

그래서 뙤약볕에 신경 쓰지 않고 오로지 내 호흡에만 집중했다. '여기까지 잘 왔어'라는 긍정적인 칭찬을 나에게 반복하며 거친 호흡도, 안정적인 호흡도 완주를 위한 과정으로 인식했다.

그러자 마음이 차츰 안정되고 잡생각들이 절로 차단되었다. 그렇게 오로지 나를 믿고 나아갔다.

나는 찌는 듯한 더위에 집중력이 약해질 때마다 나에게 소리쳤다.

"집중하자! 미애야, 집중하자!"

집중하자고 소리내어 말한다고 해서 무조건 집중이 되는 것은 아니다. 그러나 무언가를 간절하게 원한다면 그 원하는 바가 이루어질 때까지 집중하고 또 집중해야 한다.

달리다 보면 음악을 들으며 달리는 사람들을 간간이 만나게 된다.

음악을 들으며 달리면 왠지 기분이 좋아지고 달리기에 도움도 된다고 한다. 전 국가대표 수영선수인 박태환 선수도 음악을 들으며 훈련을 하면 심리적 안정과 집중력이 높아진다고 했다.

울트라마라톤 대회에서도 밤새 달릴 때 적막함을 달래고자 음악을 듣는 선수들이 있는데, 나는 조금 다르다.

나는 오직 눈앞에 놓인 것에만 집중한다.

내 다리의 경쾌함과 호흡에만 집중하며, 산만하게 만드는 그 무엇도 허용하지 않는다. 음악 소리도, 거리와 페이스를 알려주는 시계 소리도 원하지 않는다.

내가 경험한 울트라마라톤은 '몸으로 하는 것'이라기보다 '머리로 하는 것'이다.

여기까지가 한계라고 선을 그으면 발을 멈추게 되고, 할 수 있다고 소리치며 자신에게 집중하면 성공할 수 있다.

나는 내 안에 꺼져 있던 스위치를 꾹 눌러 집중조명을 켰다. 그리고 목표라는 계좌에 성공이란 돈이 차곡차곡 입금되는 경험을 했다.

체감온도 37도의 뜨거운 더위도, 종아리까지 잠길 정도로 내리퍼붓던 비도, 더 이상 내 앞길의 장애물이 되지 못했다.

성공의 비결은 집중력이야.

내가 내 안의 집중조명을 켰더니,

성공이 마치 '나, 여기 있다!'고 외치는 것처럼 불쑥 나타났어.

열심히 사는데 재미가 없는 너에게

Part 4

자신답게 빛나는 길

우리의 최대 약점은 포기다.

성공으로 가는 가장 확실한 방법은

언제든지 한 번 더 시도해 보는 것이다.

- 토머스 에디슨 (미국의 발명가)

포기라는 습관은 내 것이 아니야

'finisher'

동네 공원을 걷거나 달리다 보면 저런 문구가 새겨진 옷을 입은 사람을 종종 만난다.

'finisher'는 마라톤을 완주한 사람을 일컫는다. 온갖 유혹을 이겨내고 끝까지 달려 결승선을 통과한 사람만이 받을 수 있는 옷이다.

finisher란 문구가 새겨진 옷을 받기 위해 포기하지 못한다는 사람이 있을 정도다.

부천 '두발로' 러닝클럽에서 함께 달리기를 하는 전빈 선배는 운동이라고는 숨쉬기 운동밖에 모르던 사람이었는데, 달리기를 시작한 지 어느새 6년째다.

달리기를 하면서도 마라톤 풀코스는 사람이 할 게 아니라고 노래를 부르던 그가 2023년 10월 춘천마라톤 대회에서 인생 첫 풀코스에 도전하게 되었다.

나와 영원이는 전빈 선배의 페이스메이커(일정한 페이스를 유지할 수 있도록 도와주는 사람)를 자처했다.

21km까지는 이런저런 이야기를 나누며 무난하게 잘 달렸다. 그러나 거리가 늘어날수록 선배는 '더 이상 못 가' '못 하겠어'라는 말을 자꾸 해댔다.

중도포기자를 실어 나르기 위해 대기하고 있던 버스에 올라타려고도 했고, 50대 중반인데도 나 죽는다며 '엄마'를 연신 찾아댔다. 마라톤 풀코스를 뛰어야 진정한 러너라며 풀코스 도전을 부추겼던 영하 선배를 들춰내 '죽일 놈'이라고 욕까지 해대며 고통을 호소했다.

'조금만 더 힘내자'고 달래도 보고, 경련이 일어난 다리를 마사지도 해주고, '못 한다고 생각하면 못 간다'고 소리도 질러보는 등 영원이와 내가 할 수 있는 뒷바라지는 다 했다.

그렇게 한 고비, 한 고비를 넘기며 비록 제한시간 안에 도착하지는 못했지만 전빈 선배는 인생 첫 풀코스 마라톤 완주에 성공했다.

포기하지 않고 끝까지 해낸 선배의 완주 시간이 얼마나 걸렸는지는 중요하지 않다. 이것은 자신의 한계를 넘는 일이니까.

'그 힘든 걸 왜 해?'라고 말하던 전빈 선배가 이제는 '저 풀코스 완주자입니다. 풀코스가 뭔지 알아요?'라며 마치 금메달이라도 딴 것처럼 자랑하고 다닌다. 힘든 상황을 이겨내고 포기하지 않았던 자신이 '승자'임을 선배는 이제 알게 된 것이다.

78말띠 친구 한수는 호기심이 많은 편이다.

한수는 달리기 대회에 나갈 때면 늘 등에 '하율하민선진'이라고 적힌 옷을 입고 나간다. 하율·하민은 두 자녀의 이름이고, 선진은 옆지기의 이름이다.

아직까지 대회에서 단 한 번도 포기를 해본 적이 없는 한수에게 그 이유를 물어봤다. 한수의 답은 간결했다. "가족을 등에 업고 뛴다고 생각하기 때문에 포기할 수가 없어."

달리는 이유가 제각각이나, 한수가 그랬던 것처럼 힘겨움의 대가로 가족을 생각한다면 고난을 잘 견뎌낼 수가 있다. 반면에 이유가 명확하지 않다면 쉽게 포기하기 일쑤다.

'내가 왜 이렇게 힘들게 달려야 하지?'라는 의문이 자꾸 들기 때문이다.

사실 인생을 살다 보면 때로는 어쩔 수 없이 포기를 해야 할 상황이 발생하기도 한다. 내가 537km를 달려내기 위해 100km를 중도에서 포기했던 것처럼.

애플 창업자 스티브 잡스도 "Focus is about saying no"라고 했다.

관건은 넘어졌느냐, 포기했느냐가 아니라 넘어졌어도 다시 일어날 수 있는 용기를, 포기했다가도 다시 벌떡 일어나 도전할 수 있는 용기를 가지는 것이다.

실패했다고 내 가치가 상실되는 것은 아니다. 실패의 이유를 찾아 행동을 바로잡으면 다음에는 좋은 성과를 거둘 수 있다.

그러나 중요한 점은 포기도 자신의 몸에 밴 습관이란 사실이다. 이것은 소리도 없이 슬그머니 다가와 깊게 박혀 의지를 꺾게 만든다. 어디서든 초점을 흔들고 위협한다.

결국 유혹에 굴복하는 습관이 생기고 그 습관이 강화되어, 역경에 부딪힐 때면 쉽게 포기하게 된다.

'철인 미애' '특급전사' '무쇠다리'
사람들이 나에게 붙여준 수식어다.
나라고 포기하고 싶을 때가 없었던 것은 아니다. 다만 포기하지 않았을 뿐이다.

537km 대회에서 300km 지점에 도착했을 때 내 발은 그야말
로 엉망진창이었다.

눈으로 확인하지 않더라도 양말 속에 감춰진 발이 어떤 상태일
지 짐작되었다.

그때까지 달려오면서 제대로 된 샤워를 한 번도 하지 못했다.

어기적어기적거리며 겨우 화장실에 들어가 옷을 벗고, 양말을
벗었을 때 눈으로 확인한 내 발의 상태는 생각보다 심각했다.

발바닥과 발가락 사이, 심지어 발뒤꿈치까지 커다란 물집이 여
러 개 잡혀 있었다. 달리기를 시작한 지 16년 동안 발뒤꿈치에 물
집이 잡힌 경우는 처음이라 매우 당황스러웠다.

급한 대로 손톱깎이로 물집을 터트리고 후시딘 연고를 듬뿍 바
른 뒤 스포츠테이핑으로 둘둘 감았다.

밖에는 폭우가 쏟아지고 있었다.

지금 제아무리 발 관리를 잘한다 해도 문을 열고 나가는 순간
내 발은 다시 퉁퉁 붓고 통증이 올라올 것임을 안다. 그래도 정성
을 다해 발을 감쌌다. 지금 할 수 있는 최선의 방법은 그 방법뿐이
니까.

옷을 갈아입고, 밥을 먹고, 출발하기 위해 출입문을 열었을 때 한 선배가 말을 건네왔다.

"미애씨, 저는 여기서 포기합니다."

내가 '왜요?'라고 묻자 선배는 발에 물집이 잡혀 뗄 수가 없다고 했다.

많은 고민과 고민 끝에 내린 결정이란 걸 잘 안다.

선배 자신도 아쉬웠겠지만 나도 적잖이 아쉬워했다.

우리 각자는 내면의 의심자가 있다. 이 의심자는 못 할 거라고, 해낼 수 없을 거라고 말하는 부정적인 목소리다.

이 목소리는 내가 원하는 성공의 길을 갈 수 없을 거라고 퉁명스럽게 잔소리를 해댄다. 그리고 내가 하는 일마다 별의별 흠집을 찾아낸다.

그러니 내가 원하는 곳에 가려거든 내면의 의심자와는 단호하게 작별을 해야 한다.

영웅은 난세에 태어난다고 했다.

고통스런 상황이 장시간 지속되더라도 포기하지 않고 끝까지 질주해야 한다.

포기라는 습관은 내 스타일도 아니고, 나에게 맞지도 않는다.

돌부리에 걸려 넘어질 수는 있다. 하지만 다시 일어나 달리다 보면 어느새 결승선에 도착해 있을 것이다.

내가 가는 길에 찾아오는 역경이 무엇이든 끝까지 버텨봐.

그렇게 종착지까지 달려봐!

어떤 유혹의 속삭임이 들려와도 '노 땡큐!' 하고 뿌리치는 거야.

열심히 사는데 재미가 없는 너에게

인생은 마라톤이지, 스프린트가 아니다.
남의 속도를 따라가려고 애쓰기보다는
나만의 속도로 나아가는 것이 중요하다.

- 비욘세 (미국의 가수 겸 배우)

나만의 속도가 중요해

"속도가 뭣이 그리 중헌디?"
내가 주변 사람들에게 종종 하는 말이다.

울트라마라톤을 하며 알게 된 이강식 선배는 달리기 인생 21년
의 대선배이며, 100km 이상의 울트라마라톤을 92회 완주한 그랜
드슬래머다.

그랜드슬래머는 대한민국에서 열리는 3대 장거리 대회인 한반
도 횡단 308km, 대한민국 종단 537km, 대한민국 종단 622km를
완주한 사람을 일컫는다.

이 선배는 3개 대회를 무려 2번씩이나 완주한 고수 중의 고수
이고, 대회 때 나를 살뜰히 챙겨주는, 무뚝뚝하지만 햇살처럼 따뜻
한 사람이다.

537km를 달릴 때도 나를 위해 비옷을 챙겨주었고, 맛있는 음

식도 사주었으며, 잠든 나를 기다려 주기도 했다.

함께 달리는 길에서 선배는 늘 이렇게 말했다.

"빨리 가서 뭐 할 건데? 천천히 즐겨."

마라톤은 극한의 자제심을 필요로 하는 운동이다.

분위기에 휩쓸리거나 능력 밖으로 달리게 되면 결국엔 나의 중심을 잃고 속도도 잃게 마련이다.

대회에서 다른 주자들의 추월을 허용하지 않으려고 능력 이상으로 달리다가 자신의 페이스를 잃는 사람들을 쉽게 볼 수 있다. 쓸데없는 자존심을 내세우며 쏜살같이 달리는 사람도 많다.

내 체력에 맞게 나를 믿고 최선을 다하면 그만이다. 남들과 경쟁하는 것이 아닌, 나 자신을 극복하고 뛰어넘겠다는 자세가 중요하다.

'미애는 미애다.' 친구들이 내게 흔히 하는 말이다.

이 말은 내가 주위의 유혹에 흔들리지 않고 묵묵히 내 길을 간다는 의미다.

나는 빨리 달리는 것에 욕심이 없고, 기록에 집착하지도 않는다. 빨리 뛸 특별한 이유도 없고, 매 순간 살아 있음에 감사함을 느끼며 즐겁게 달릴 뿐이다.

대전한밭 울트라마라톤 때 길 안내가 잘못되어 무려 8km를 돌아오게 되는 초유의 사태가 발생했다. 일명 알바다. 알바는 대회에서 정식 경주로가 아닌 다른 길을 달리게 되어 예상보다 많은 시간이 소요되는 것을 일컫는다.

나는 그날 컨디션이 좋았고, 달리는 초반에 날아갈 듯이 가볍게 느껴지는 다리 덕택에 기분 좋게 달리고 있었는데, 알바하는 바람에 흐름이 끊겼다. 선두그룹일수록 알바한 거리가 길었고, 후미그룹은 알바를 짧게 하여 후미그룹이 선두가 되는, 웃지 못할 해프닝이 일어난 것이었다. 여기저기서 주최 측을 원망하며 툴툴거리는 목소리가 들려왔다.

일은 이미 벌어졌다. 나는 다시 가야 한다. 그것은 변하지 않는 사실이다.

100km 대회였지만, 알바한 거리 8km를 보태어 나는 108km 대회라고 생각하며 다시 중심을 잡고 나만의 속도에 집중했다.

길 안내를 잘못한 주최 측 때문에, 나를 추월한 누군가 때문에 기분 나쁘지 않았다.

나는 나만의 페이스가 있고, 주최 측도 그만한 사정이 있었을 것이다.

늦게 가도 괜찮다. 헤매지 않고 한 방에 결승선까지 도착하면 좋겠지만 안 될 수도 있다. 빠르게 가지 않아도 괜찮고, 힘들면 잠시 쉬었다 가도 괜찮다.

중요한 것은 '내가 얼마나 빨리 달렸느냐?' 하는 시간의 문제가 아니라 '왜 달리는가?' 하는 목적의 문제다.

달리기를 열심히 한다며 자신의 달리기 사진을 인증하는 사람들이 많다.

그런데 어느 순간 조용해졌다면 대개 두 가지의 경우다.

자신을 둘러싼 환경에 무슨 문제가 생겼거나, 아니면 무리하게 달려 부상을 입었거나.

몸이 보내는 위험 신호를 무시하면 부상으로 연결될 수 있고, 그 후유증으로 달리기를 멈춰야 한다.

달리기는 누군가와 비교하여 이기거나 지거나 하는 레이스가 아니다.

물론 특정한 누군가에게는 절대 지고 싶지 않을 수는 있다.

그러나 누군가에게 뒤처지기 싫다고 능력 이상으로 달리다 보면 어느 순간 제 페이스를 잃게 되고, 결국 부상으로 연결되어 끝까지 뛰지 못하게 된다.

느리더라도 목표를 향해 꾸준히 나아가는 것이 중요하다.

나만의 속도로 간다면 언젠가는 목표에 반드시 도착할 수 있다.

들꽃은 별다른 화려함 없이 자연 속에서 늘 존재감을 지켜내고 있다.

그러니 흔들리고 불안하더라고 나만의 속도로 꾸준히 나아간 다면 언제 어디서든 꿋꿋하게 성장할 수 있음을 기억하자.

열심히 사는데 재미가 없는 너에게

인생은 다른 사람의 페이스에 맞춰서 뛰는 것이 아니야.

남들보다 빨리 가려고 능력 이상으로 뛰다 보면 결국 지쳐서 쓰러지기 일쑤지.

그냥 자신만의 속도로 꾸준히 그리고 묵묵히 가다 보면

결국 멋진 목표에 도달할 수 있을 거야. 그러니 마음 편히 내 속도로 가!

성공은 뛰어난 재능보다 지속적인 노력이 만든다.

- 스티븐 킹 (미국의 소설가)

재능보다 중요한 것은 꾸준함이야

나를 통해 달리기를 시작하게 된, 그래서 제법 의미 있는 사이인 보현은 같은 달리기 클럽 동생이자 유머 있고 따뜻한 사람이다.

그는 서브쓰리(sub-3) 주자로, 2024년 동아마라톤 대회에서 풀코스(42.195km)를 2시간 49분으로 완주해 명예의 전당에 이름을 올렸다.

풀코스를 3시간 안에 완주하는 것을 서브쓰리(sub-3)라고 하는데, 달리기를 사랑하는 많은 사람들에게 서브쓰리는 꿈의 기록이다.

보현은 달리기 입문 2년차 시점인 2019년 11월 JTBC마라톤 풀코스(42.195km)를 뛴 후 서브쓰리 목표를 세웠다. 눈이 오나, 비가 오나, 춥거나, 덥거나 주 6일을 달리고 또 달리며 대회를 준비했다.

2022년 경주마라톤에서 3시간 27분으로 서브쓰리에 실패했고, 춘천마라톤 대회에서는 3시간 8분으로, JTBC마라톤 대회에서는 3시간 10분으로, 2023년 동아마라톤 대회에서는 3시간 1분으로 연달아 실패했다.

그러나 포기하지 않고 끝까지 훈련에 집중한 보현은 2023년 JTBC마라톤 대회에서 2시간 59분 11초로 서브쓰리에 성공한다. 탄력을 받았는지 2024년 동아마라톤 대회에서는 2시간 49분이라는 엄청난 기록으로 명예의 전당에 오른다.

95% 혼자만의 달리기를 했던 보현은 어떻게 2.49 주자가 되었을까?

오직 살을 빼고 싶어 달리기를 시작한 나였다.

동네 400m 공원 한 바퀴 돌기도 벅차던 시절도 있었다.

그런 내가 537km를 낙오하지 않고 한 번에 완주한 것은 목표는 다르지만 보현과 결이 같다.

내가 달리기를 시작한 건 16년 전이다. 즉, 나는 16년 동안 달리기를 쉼 없이 계속하고 있다. 보현이 2.49 주자가 될 수 있었던 것도, 내가 537km를 달릴 수 있었던 것도 오로지 '꾸준함' 덕분이었다.

흔히들 '꾸준히 하기가 어렵다'고 하는데, 그 생각은 틀렸다.

내가 16년째 달리기를 하고 있는 것은 차분하게 진도를 나갔기 때문이고, 보현이 2.49 주자가 될 수 있었던 것도 목표를 향해 꾸준하게 훈련한 덕분이다.

달리기를 시작하자마자 풀코스를 뛸 수는 없다. 풀코스를 뛰자마자 537km를 뛸 수도 없다.

5km에서 10km, 그다음에 20km, 이렇게 꾸준히 달리며 거리를 차츰차츰 늘려가야 풀코스를 뛸 수 있다.

목표의 기록은 한 번에 만들어지지 않는다. 꾸준하게 해야 하고, 그것은 건강한 몸과 마음을 갖게 하는 삶의 기술이 된다.

게으른 소년의 이야기가 있다.

한 마을에 똑똑하지만 게으른 소년이 있었다. 이 소년은 항상 쉽고 빠르게 성공할 방법만 찾고 있었기에, 아버지는 그에게 '노력 없는 열매는 맛이 없다'는 교훈을 가르쳐주고자 했다.

하루는 아버지가 소년에게 말했다. "내일 아침에 일찍 일어나, 저 산 너머 들판에 가서 하루 종일 일해 보거라. 내가 씨앗을 내줄 테니, 하루 종일 그 씨앗을 심고 돌본 후 집으로 돌아오면 그 보상으로 맛있는 과일을 얻을 수 있을 것이다."

소년은 별다른 의심 없이 아버지의 말을 따랐다. 그는 아침 일찍 일어나 산 너머로 갔고, 하루 종일 땀을 흘리며 씨앗을 심고 돌보다가 해 질 녘이 되자 지친 몸을 이끌고 집으로 돌아왔다.

집에 돌아오자, 아버지는 준비한 과일을 소년에게 내주며 말했다. "이 과일은 네가 하루 종일 일한 대가로 얻은 것이니, 맛보아라."

소년은 맛있을 거라 생각하고 과일을 한 입 베어 물었지만, 매우 시고 맛이 없었다.

소년이 아버지에게 물었다. "이 과일은 너무 시고 맛이 없네요. 왜 그런가요?"

아버지가 대답했다. "이 과일은 아직 익지 않아서 그렇단다. 충분한 시간이 지나 잘 익어야 달고 맛있는 열매가 될 것이다. 그때까지 기다리고 가꾸며 노력해야 진정한 열매의 맛을 느낄 수 있단다."

몇 달이 지나고 밭에서 돌아온 소년에게 아버지는 또다시 과일을 내주었다.

소년이 베어 문 과일은 너무나도 달고 맛있었다.

그는 아버지에게 말했다. "이 과일은 정말 맛있어요. 하지만 왜 이렇게 맛있는지 모르겠어요."

아버지는 웃으며 답했다. "그것은 네가 그동안 꾸준히 노력한 결과로 얻은 것이기 때문이다. 노력 없이 얻는 것은 결코 이렇게 맛있을 수 없단다."

게으른 소년의 이야기처럼, 맛있는 과일은 충분한 시간이 지나고, 또 열심히 가꾸고 노력해야 비로소 맛있게 된다. 달리기도 마찬가지다.

꾸준히 연습하고 노력하는 과정을 거쳐야만 그 노력의 결실을 맛볼 수 있다.

서브쓰리에 성공한 보현이 내게 '이렇게 좋을 수가 없어요'라는 말을 자주 했다.

537km를 완주한 나 역시 아직도 그 달달한 완주의 구름 위에 올라앉아 있다.

원하는 목표에 도달하기 위해서는 그만한 대가를 지불해야 한다.

몇 년간 계속되더라도 포기하지 않고 인고의 시간을 견뎌내어 끝내는 성공시키겠다는 의지를 갖고 있어야만 한다.

꾸준하게 버텨낼 능력이 없는 사람이 목표를 이룰 가능성은 없다.

제아무리 재능이 탁월해도 꾸준함을 이길 수는 없는 법이니까.

누구는 제대로 시도조차 하지 않고 적성에 맞지 않는다거나, 재능이 부족하다고 한다.

보현이 달리기 클럽에 들어왔을 때 몇몇은 '네가 무슨 서브쓰리야! 너는 어려워.'라고들 했다.

그런 그가 목표를 이룬 이유는 적성도 아니고, 재능도 아닌 꾸준함 때문이다.

그러니 제대로 해보지도 않고 말하지 말자.

평소에 꾸준하게 달리다 보면, 그리고 명확한 목표가 있다면 서브쓰리도, 537km도 가능하다.

재능이 중요하다고?

꾸준함은 재능이 쉽게 싫증을 낼 때에도 계속 뛰게 만드는 배터리야.

결국 꾸준하게 노력하는 사람이 무대에서 빛나는 법이지.

때로는 더 빨리 나아가기 위해 속도를 늦춰야 한다.

- 로빈 샤르마 (캐나다의 작가)

멈춰야 보이는 길이 있어

마시멜로 테스트는 1960년대에 스탠퍼드대학의 심리학자 월터 미셸이 어린이들을 대상으로 한 실험으로, 어린이들의 자제력이 미래의 성공과 어떤 관계가 있는지를 밝힌 유명한 심리학 실험이다.

이 실험에서 어린이들은 한 방에 앉아 마시멜로를 한 개씩 받는다. 실험자가 나갔다가 돌아올 때까지의 15분 동안 마시멜로를 먹지 않고 기다린 어린이는 한 개를 더 받을 수 있다. 그러나 기다리지 못하고 마시멜로를 먹어버린 어린이에게는 추가 보상이 없다.

실험결과 일부 어린이들은 마시멜로를 먹지 않고 기다렸고, 그외 어린이들은 기다리지 못하고 즉시 먹어버렸다.

시간이 흐른 뒤 그 아이들의 현재 지위를 추적해 봤더니 마시멜로를 먹지 않고 기다렸던 아이들이 먹어버린 아이들보다 인내력, 학업 성적, 사회적 성공이 훨씬 높게 나타났다.

이것은 장기적인 목표를 위해 즉각적인 욕구를 자제하는 능력이 인생에서 성공 여부를 가름하는 중요한 요소임을 시사한다.

앞서 나는 마라톤은 극한의 자제심이 필요한 운동이라고 했다.

때로는 용기 있게 나아가는 시간도 필요하지만, 한 발 물러서서 상황을 자세히 들여다보는 시간도 필요하다.

537km를 달릴 때 대구의 도심을 통과한 적이 있다.

잇따라 횡단보도를 건너고, 때로는 사람이 달릴 수 없을 것 같은 길을 달리며 과연 이 길이 맞는 길인지 의심이 들었었다. GPX는 있지만 처음 가는 길이라 한없이 생소했고, '직진본능'으로 갔다가는 알바하기 딱 좋은 상황이었다.

그때 나는 망설임 없이 멈춰 섰다. 그리고 뒤에 오는 선배를 기다렸다가 그 무리에 합류했다.

뒤에 오던 선배는 537km 종단을 해본 경험이 있었고, 지쳐 있던 나에게 시원한 음료수까지 사준 믿음직한 선배이기도 했다.

때로는 경험 있는 사람들의 조언이 시간을 절약시켜 주기도 한다.

달리기를 하다 보면 에너지가 넘쳐, 불쑥 앞서 나가고 싶을 때가 있다.

하지만 마시멜로 테스트처럼 즉각적인 만족, 즉 속도를 높이는 것을 자제하고 체력을 아끼는 것이 중요하다. 만약 그 순간에 앞서 나가려는 욕구를 참지 못하고 내달리면 후반부에 탈진하거나 근육 경련이 찾아올 수도 있다.

요즘은 러닝 붐이라고 할 만큼 달리기를 하는 사람들이 많다.

달리는 사람이 유일하게 나뿐이던 공원도 지금은 달리는 사람들로 북적댄다.

나는 달리기 인생 16년 동안 부상이 거의 없었는데, 그 이유는 '몸이 보내는 신호'를 중시하며 달렸기 때문이다.

또 기계적으로 매일매일 달리지 않고, 아픈 곳이 있다면 꼭 쉼의 시간을 가진다.

몸이 보내는 신호를 무시하고 달리게 되면 장거리를 달려낼 수 없다. 몸에 이상 신호가 오면 필히 쉼의 시간을 가져야 한다.

아픈데도 불구하고, 달리지 않을 때 찾아오는 불안감 때문에 자꾸 달리다가는 몸과 마음의 고통이 가중되어 간다. 결국 일시적인 통증으로 끝나지 않고 장기적인 부상이나 심리적 탈진으로 이어질 수 있다.

며칠 쉰다고 해서 그동안의 결과물들을 잃는 것은 아니다.

'쉼'도 훈련이고, 연습이 필요하다.

달리기에서의 '쉼'은 단순히 멈추는 것이 아니라, 다음 도약을 위한 준비의 시간이자 재충전의 시간이라 할 수 있다.

잠시 멈추고 몸과 마음 모두를 돌보는 시간을 가져야 끝까지 달릴 수 있는 힘이 생긴다.

때로는 잠시 멈추는 '쉼'이 장기적으로는 가장 빨리 가는 지름길일 수 있다.

537km를 뛰면서 때때로 잠시 멈춰야겠다는 생각이 들었지만, 한편으론 '과연 멈춰도 되는 걸까?'라는 의문이 들기도 했다. 하지만 나 자신에게 솔직해지기로 했다.

쉼도 울트라마라톤의 중요한 요소임을 알기에, 나는 잠시 달리기를 멈추고 정자에 누웠다.

멈춰서 숨을 고르고 주변을 둘러보니 그동안 보지 못했던 것들이 한눈에 들어왔다.

대롱대롱 매달려 있는 감이, 살랑거리는 나무들이 나를 지켜보고 있는 것만 같았다.

달려온 길은 험난했지만, 남은 길을 더욱 잘 가기 위해서는 잠깐의 멈춤이 필수임을 깨닫는 순간이었다.

어느 정도 쉼의 시간을 가졌더니 체력이 서서히 회복되는 것이 느껴졌다. 마치 바닥난 연료통이 조금씩 채워지듯, 몸이 다시 움직일 준비를 하고 있었다.

마음속의 부담감도 사라졌고, 무거웠던 발걸음도 가벼워졌다.

쉼은 단순히 멈추는 것이 아니라, 더 멀리 나아가기 위한 준비의 시간임을 알았다.

자기절제가 뛰어난 사람들은 당장 눈앞에 보이는 보상에 집착하지 않는다. 때로는 '쉼'의 시간을 통해 더 큰 보상을 받아낸다.

쉬지 않고 그저 내달리기만 하면 결국엔 자신의 중심을 잃고 중도 하차할 수 있다.

쉼이라는 기다림은 멈춤이 아니라, 더 멀리 가기 위해 꼭 필요한 방책이다.

울트라마라톤은 무턱대고 내달린다고 해서 빨리 가지는 게 아니야!

때로는 멈춰서 숨을 돌리기도 하고, 길도 확인하면서 가야 해.

이게 급할수록 돌아가라는 진리야.

그러니까 우리 잠깐씩 쉬기도 하며, 재미있게 끝까지 가보자!

열심히 사는데 재미가 없는 너에게

"지피지기(知彼知己) 백전불태(白戰不殆)"

"적을 알고 나를 알면, 백 번 싸워도 위태롭지 않다."

- 손자 (고대 중국의 병법가)

반갑지 않은 적군들을 만나면

나보다 더 빨리 달리는 사람은 많다.

그러나 나는 그들보다 더 멀리까지 달릴 수 있고, 거리에 대한 부담감도 없다.

이것은 나의 재능일 수도 있겠지만, 바위 같은 고집 덕에 내 성격과도 잘 맞는다. 한 종목의 취미 생활을 16년째 하기란 쉬우면서도 쉽지 않다.

아무리 멀리 달릴 수 있는 나도, 다른 주자 그 누구도, 경주로에서 반갑지 않은 적군을 종종 만나게 된다. 나 역시 537km를 달릴 때 마치 나를 무너뜨리려는 장애물처럼 적군들이 나타났다.

그들이 언제 어디서 들이닥칠지 모르니 대비책을 반드시 세워놓아야 한다.

제대로 전략을 짜놓는다면, 또 준비만 철저히 해놓는다면 그 어떤 적군이라도 어렵잖게 물리칠 수 있다.

첫 번째 적군 : 물집

오랜 시간을 달리다 보면 발에 당연히 물집이 생긴다. 물집은 작은 상처 같지만 방치하게 되면 달리는 내내 고통을 준다. 편안한 신발과 양말을 선택하고, 더불어 사전 훈련에서 테스트해 보는 것이 중요하다.

장거리를 달릴 때면 나는 발 구석구석에 '바세린'을 듬뿍 바른 후 발가락 양말을 신는데, 이는 물집을 방지하는 기능이 있다. 만약 물집이 잡혔다면 손톱깎이 같은 도구로 그 부위를 찢거나, 구멍을 내어 물기를 빼낸 뒤 후시딘을 듬뿍 바르고 반창고를 두르는 게 좋다.

이렇게 처치하면 물집 안에 고인 체액이 제거되어 압력이 줄어들고 추가되는 통증을 완화시킬 수 있다.

또한 그 부위를 반창고로 감싸면 외부의 세균이나 오염물로부터 안전하게 지켜낼 수 있다.

두 번째 적군 : 쓸림

땀으로 인해 피부와 옷이 밀착되어 쓸림 현상이 일어나게 되는데, 이러한 현상은 장거리 달리기에서 흔히 발생하는 난제다. 쓸림이 발생하면 그 부위가 점점 더 민감해져서 극심한 통증을 유발하게 된다.

내가 처음 울트라마라톤을 뛰었을 때는 아무런 정보가 없어 쓸림으로 고생을 엄청 했다. 민감한 부위에 생긴 쓸림의 고통은 이루 말할 수 없을 정도였다. 이것은 남성도 마찬가지다.

100km 정도를 목표로 할 때에는 민감한 부위에 바세린을 듬뿍 도포해야 쓸림을 방지할 수 있다. 그러나 그보다 더 먼 거리를 달려야 한다면 바세린 갖고는 안 된다. 이때는 '후시딘'이 제격이다.

소위 아랫도리에 있는 모든 민감한 부위에 전부 도포해야 한다.

특히 여성은 반드시 팬티를 뒤집어서 입어야 쓸림을 방지할 수 있다. 이것은 직접 경험해 보지 않고서는 알 수 없는 중요한 노하우로, 나도 선배들에게 배웠다.

가슴 사이즈가 작다면 굳이 스포츠 브라를 하지 않아도 된다. 다만 꼭지의 쓸림 방지를 위해 반창고나 밴드를 붙이자.

세 번째 적군 : 배고픔

울트라마라톤은 대개 무박으로 진행되며, 537km는 무박 6일간 계속된다. 긴 시간 동안 체력을 유지하려면 적절한 영양섭취가 필수적이다. 간편하게 섭취할 수 있는 바나나, 육포, 견과류, 죽, 옥수수콘 등을 준비하면 좋다.

선배들은 음식을 잘 먹는 내게 늘 이렇게 말했다.

"잘 먹는 거 보니 완주하겠네."

장거리를 잘 달릴 수 있는 비결 중 하나는 '잘 먹는 것'이다.

배고픔은 단순한 허기를 넘어 체력과 집중력을 떨어뜨리는 끝에 레이스를 포기하게 만들기도 한다.

음식을 제대로 섭취하지 못해 뱃속이 거부 반응을 일으키고, 구토를 하며 레이스를 중단했던 어느 선배의 모습을 본 적이 있다.

음식을 먹는 것조차 여의치 않은 장거리 달리기의 환경에서 배고픔은 크나큰 적이다.

네 번째 적군 : 더위

울트라마라톤에서 가장 위험한 적군을 꼽을라치면 단연 더위다. 고온에서 달리다 보면 체온이 급격하게 상승하여 열사병이나 탈수증에 걸릴 위험이 커진다.

따라서 통기성 좋은 가벼운 옷을 입어야 하고, 모자와 선글라스를 착용해 햇볕으로부터 머리와 눈을 보호해야 한다. 나도 강렬하게 내리쬐는 햇볕을 차단하기 위해 편의점에서 '우산'까지 구매해서 쓰고 뛰었다. 그러고도 힘들 땐 그늘진 곳을 찾아 잠시 쉬기도 했다.

또 평소보다 많은 양의 물을 조금씩 자주 마셔야 한다. 일반적인 물보다는 전해질이 함유된 스포츠 음료를 마심으로써 땀으로 빠져나가는 염분을 보충하는 게 좋다.

더위를 식히는 데 효과적인 또 다른 방법은 얼린 생수를 등에 꽂는 것이다.

이렇게 하면 얼음의 냉기가 체온을 낮추어주어, 폭염 속에서도 웬만큼 시원하게 느낄 수 있게 된다.

다섯 번째 적군 : 비

신발이 비에 젖으면 물집이 생길 확률이 높으므로 여분의 양말을 챙겨야 하고, 옷에 비가 스며들지 않도록 방수 재킷도 챙겨야 한다. 아무리 무더운 한여름이라도 비를 맞게 되면 저체온증에 걸릴 위험이 있으므로 두꺼운 우의나 블랭킷도 준비해야 한다.

537km를 달릴 때 200CP를 앞두고 엄청난 폭우가 쏟아졌다.

그때 나는 블랭킷을 두른 덕분에 체온을 유지할 수 있었고, 추위로부터 보호받을 수 있었다.

여섯 번째 적군 : 졸음

장거리 마라톤에서 졸음은 크나큰 적이다.

졸음에 대처하는 방법으로는 육포나 껌과 같은 간단한 간식을 잘근잘근 씹는 것이 좋다. 씹는 행위가 뇌에 자극을 주어 집중력을 높여주기 때문이다.

그리고 짧은 스트레칭이나 몸을 이리저리 가볍게 움직여주는 것도 도움이 된다. 이는 혈액순환을 촉진하므로 졸음을 물리치는 데 효과적이다.

장거리 마라톤 도중에 졸음이 밀려오면, 중심을 잃고 위태롭게 달리는 것보다 잠시 멈추어 수면을 취하는 것이 바람직하다.

나는 537km를 달릴 때 300km 지점까지 잠을 자지 않고 달렸었는데, 이때 엄청난 졸음이 몰려왔었다. 이 상태는 매우 위험하다. 비틀거리며 달리다가는 차도로 나갈 수도 있고, 실제로 그렇게 가는 선수도 많이 보았다.

이럴 때는 잠시 멈추어 수면을 취해야만 한다. 수면을 취하는 방법은 피로를 회복하고, 안전하게 레이스를 이어가는 중요한 방책 중의 하나다.

나는 이처럼 여섯 가지 적군을 모두 만났다.

나는 이 모든 적군들을 하나씩 물리치는 과정에서 준비와 전략이 얼마나 중요한지를 절실하게 깨달았다.

예상치 못한 상황이 언제든 닥칠 수 있지만, 그에 대한 철저한 준비와 대처법만 있으면 어떤 어려움도 극복해 낼 수 있다는 것도 배웠다.

결국 적군들이 나를 무너뜨리지 못한 건, 내가 포기하지 않고 끝까지 싸웠기 때문이다.

울트라마라톤은 무지막지하게 긴 거리를 달려내야 하는 만큼 엄청나게 힘든 도전이다. 그 과정에서 예상치 못한 갖가지 어려움을 만나게 되는 것은 당연하다.

전쟁터에서 적군을 마주치기 전에 철저하게 준비를 하듯, 울트라마라톤에서도 불시에 닥칠 여러 '적군'들을 미리 대비하는 것이 성공의 열쇠이다.

인생이라는 길에서도 마주치게 되는 적군들이 있다.

예상치 못한 장애물들이 불쑥 나타나 우리의 발걸음을 멈추게 할 수도 있기에, 그에 대한 철저한 대비책을 세우는 것이 중요하다.

적군은 우리의 전진을 멈춰 세우려고 하지만, 면밀한 전략은 앞으로 나아가게 하니까.

인생에서 적군들을 만나면 '안녕하세요, 적군님!' 하며

웃으면서 맞이할 수 있도록 철저히 대비해야 해.

그러니 우리, 전투복 차려입고 각종 장비와 준비물을 잘 챙겨서

인생의 전사로 나서보자! 준비가 완벽하면 어떤 적군도 두렵지 않으니까!

큰 성공은 작은 성공을 거듭한 결과다.

- 크리스토퍼 몰리 (미국의 언론인·작가)

자잘한 성공이 쌓여서 우주가 돼

빌 게이츠(마이크로소프트 창립자), 일론 머스크(기업가이자 발명가), 조앤 K. 롤링(해리포터 시리즈 작가)의 공통점은 작은 성공들이 축적되어 크나큰 성공으로 이어졌다는 데 있다.

나는 힘들다고 소문이 짜한 낙동강 울트라마라톤과 한반도 횡단, 대한민국 종단 537km를 모두 첫 도전에 성공했다.

그 전에 100km 대회를 여성 1위로 입상하며 완주한 적도 있고, 훨씬 전에는 마라톤 풀코스를 4시간 안에 완주한 경험도 많다.

나는 나의 안전지대를 벗어나 더 큰 세계를 경험하기로 마음먹었을 때, 본격적으로 달리기 훈련에 집중했다. 풀코스 마라톤을 뛰기 위해 최선을 다해 노력했고, 100km 마라톤을 완주하기 위해 더욱 열심히 훈련했다.

실제로 50km를 달리고, 70km를 달려보니 죽을 것 같은 고통
은 없었다. 그래서 달리는 거리를 곧장 늘려나갔다.

달리면 달릴수록 고통은 줄어들었고 성취감은 커졌다.

결국 나는 100km를 달리게 되었고, 100km를 달리는 것이
이제는 하나의 놀이처럼 여겨져 힘들지 않게 완주할 수 있게 되
었다.

나는 새로운 상황에 거듭거듭 맞서 나갔으며, 두려움을 정면으
로 마주했다.

그러자 한때 불가능해 보이던 일들이 가능하게 되었고, 그 과정
에서 새로운 정보를 습득하기도 했다.

어떤 장거리든 해낼 수 있다는 자신감도 커졌다. 이러한 자신감
은 새로운 상황과 마주칠 때마다 나의 결의를 다져주었다.

서울한강 울트라마라톤 대회에서 이름 모를 선배를 만났다.

그 선배는 308km 한반도 횡단과 622km 대한민국 종단 마라
톤을 한 번에 완주했지만 537km 대한민국 종단 마라톤은 여덟
번 실패했다고 했다.

여덟 번의 도전에 연달아 실패했다고 해서 달리기 실력이 떨어
진다고 말할 수 없다.

내가 한 번의 도전으로 성공했다고 해서 반드시 뛰어난 실력을 갖췄다고도 말할 수 없다.

그러나 한 번의 도전으로 성공한 것은 집중했다는 증거이고, 칭찬받을 가치가 있는 것도 사실이다.

나는 자잘한 성공을 경험하면서, 큰 성공도 할 수 있다는 확신을 갖게 되었다.

눈에 보이지 않을 미미한 성공이라도 그 성공이 계속되면 언젠가는 눈덩이처럼 커진 큰 성공을 만날 수 있는 것이다.

400m 운동장 한 바퀴를 도는 것도 힘들었던 내가 무려 537km를 달릴 줄이야 누가 알았겠는가!

작은 성과나 행동이 차츰차츰 더욱 커지고 가속화되는 경험이 결국 나의 완주를 만들어냈다.

《하버드 비즈니스 리뷰》 잡지에서는 '작은 승리' 이론을 제시했다. 이 이론은 작은 성공을 경험하면 동기부여가 강화되고 자신감이 쌓여 더 큰 목표를 향해 나아갈 수 있게 된다고 했다.

처음부터 자전거를 잘 타는 사람은 없다. 수십, 수백 번의 넘어짐에도 끊임없이 다시 일어나 도전했기에 결국 자전거를 능숙하게 탈 수 있게 된 것이다.

목표가 있다면 그 안에서 자잘한 성취에도 기쁨을 느낄 줄 알아야 한다.

자잘한 성공을 자신감의 원천으로 삼고 자신만의 무기로 다듬어서 다시 목표를 설정하고 도전해 나가다 보면 큰 성공에 다가갈 수 있다.

그 과정에서 설령 결과가 예상대로 나오지 않더라도 실망하지 말자. 그것이 끝이 아닌 새로운 시작이 될 테니까.

잊지 말자. 티끌 모아 태산이 되고, 자잘한 성공이 쌓여서 우주가 된다는 사실을.

작고 귀여운 별들이 모이고 모여 은하계를 만들어.

비록 작지만 빛나는 성공들이 모이면 우주를 만들 수도 있으니,

더 많은 별들을 쌓아나가야 해.

Part 5

끝까지 나아가는 길

사물들의 형태를 제대로 알고자 한다면
우선 그것들의 세부사항에서 시작하라.

- 레오나르도 다빈치 (이탈리아의 예술가)

때로는 숲이 아닌 나무를 봐야 해

우리는 흔히 '나무를 보지 말고 숲을 보라'는 말을 한다.

나무 하나하나에만 집중하면 전체 상황을 놓치기 쉽고, 작은 세부사항에 너무 얽매이면 큰 목표나 전략을 놓치기 쉽다는 의미이다.

그러나 이 말이 늘 옳은 것은 아니다.

달리기를 하다가 알게 된 군인 '재대'님이 있다.

재대님과 100km 울트라마라톤 대회에 참가한 적이 있었는데, 첫 도전이라 많이 힘들어했다.

풀코스 마라톤 참가 경험은 많았지만 35km를 지난 시점부터 이런 말을 자주 했다.

"이제 겨우 35km 지났는데, 남은 65km를 언제 가죠?"

"이를 악물고 60km까지 왔는데, 아직도 40km나 남았네요."

이것은 비단 재대님만의 이야기가 아니라, 장거리를 갓 달리기 시작한 사람들이 공통으로 내뱉는 자조 섞인 목소리다.

"차로 가도 한참 가야 하는 100km를 달리기로 어떻게 가지?" 내가 자주 듣는 질문 중 하나다.

이런 질문을 받을 때마다, 또 재대님이 남은 거리에 대한 부담감을 느꼈을 때마다, 내가 해준 말은 "멀리 보지 말고 앞만 보세요."다.

내가 장거리를 달리는 방법은 이렇다.

100km 달리기를 시작한다면 100km 숫자는 머릿속에서 지우고 눈앞에 보이는 10km에 도착하기 위해 애쓴다.

10km에 도착하면 20km에 도착하려고 애쓰고,

20km에 도착하면 30km에 도착하려고 애쓴다.

이렇게 100km를 완주할 때까지 계속해 나가며, 남아 있는 거리는 생각하지 않는다.

가령 눈앞에 전봇대가 보인다면 전봇대 세 개째에 도달할 때까지는 숨차게 뛰고, 다음 전봇대 한 개까지는 천천히 달린다.

때론 굽은 길 끝까지, 언덕 위까지, 표지판까지 그때그때 목표를 정하고 나아가는 것이다.

한 걸음씩 천천히, 100km의 결승선이 아닌 300m 앞에 보이는 전봇대를 목표로 거듭 삼으며 달려야 장거리의 중압감에서 벗어날 수 있다.

막막하게 남은 수십 km를 떠올리게 되면 당연히 부담스러울 수밖에 없다. 긴 거리를 달릴 때 전체 거리를 한꺼번에 생각하면 압박감에 짓눌리기 일쑤다.

그러니 목표를 눈에 보이는 것으로 작게 나누고, 한 걸음 한 걸음에 집중해야 한다.

100km를 달릴 때 내 목표는 늘 하나, 바로 다음 CP(check point)다.

대부분의 100km 대회는 10km마다 CP가 있는데, 다음 CP를 찾아 달리는 것은 늘 설레고 즐겁다.

어떤 자원봉사자가 어떤 음식을 준비해 놓고 기다릴지를 상상하며 달리는 것은 나를 흥분시키기에 충분하다.

미국의 울트라마라톤 선수 딘 카르나제스는 "마라톤을 뛸 때마다 전 구간을 생각하면 엄두가 나지 않는다"고 했다. 대신 "다음 휴식 지점, 다음 물 공급소" 같은 작은 목표에만 집중한다고 했다. 내가 그랬던 것처럼.

100km를 쉬지 않고 달려야 한다는 것은 막막하고 암담할 수밖에 없다.

그러나 어떻게 달려야 하는지 그 구체적인 방법을 안다면 비교적 수월하게 목표에 도착할 수 있다.

바로 앞에 보이는 표지에만, 나무 한 그루나 눈앞에 보이는 언덕에만 집중하다 보면 한 발이 열 발이 되고, 열 발이 백 발이 되어 결국 엄청난 장거리도 완주할 수 있게 된다.

출발선에 섰다면 숲은 잊고 눈앞의 경기에 집중하며 나무만 보자.

오로지 다음 단계만 생각하면서.

때로는 눈앞에 보이는 것만 보면서 나아가는 것이 가장 멀리 갈 수 있는 방법이 된다.

열심히 사는데 재미가 없는 너에게

울트라마라톤에서는 숲이 아니라 나무를 봐야 해.

왜냐고?

나무 하나하나가 내 발을 지탱해 주니까!

혼잣말은 당신의 꿈을 실현하는 데 도움이 될 수 있다.
긍정적인 자기대화는 자신감과 동기부여를 증가시킨다.

- 루이스 헤이 (미국의 심리치료사 · 저술가)

성공의 비밀은 나만의 주문을 중얼거리는 거야

오랜만에 염색을 하려고 단골 미용실에 들렀다.

손님이 많아 나는 소파에 앉아 대기하고 있었고, 미용실 원장은 먼저 온 손님의 머리를 감기고 있었다.

내가 아이패드를 보고 있을 때, 손님의 머리를 감기고 있던 원장이 "뭐라고? 나한테 뭐라고 한 거야?"라며 목을 빼고 나를 쳐다봤다.

나는 답했다. "원장님한테 아무 말도 안 했는데요."

그랬더니 원장이 하는 말, "왜 자꾸 중얼거리는 거야? 헷갈리게."

맞다. 나는 자주 중얼거린다.

이따금 중얼거리는 사람을 볼 때가 있다. 자신도 모르게 중얼거리는가 하면, 의도적으로 중얼거리기도 한다. 그런데 내가 중얼거리는 것은 '자기 암시' 중 하나다.

미용실 소파에 앉아서 중얼거렸던 것은 달리기 책의 일부를 쓰면서 문맥이 맞는지 확인하는 과정에서 일어난 행위다.

'이제부터 중얼거려야지!'라고 의도해서 한 것이 아니라, 나도 모르게 불거져 나온 말이다.

537km를 달릴 때 나를 괴롭히던 더위에게 "너는 내 길을 막을 수 없어"라고 말했다.

눈앞이 보이지 않을 정도로 세차게 퍼붓던 비에게 "더위를 식혀줘서 고맙구나!"라고 말했던 것도 모두 부지불식간에 나온 말이다.

자신감 근육이 내 몸 구석구석까지 붙은 것처럼, 중얼거림도 내 무의식 속 깊숙이 붙어 있다.

원하는 것을 소리내어 중얼거리면 외부의 소음이나 잡생각에서 벗어날 수 있고, 집중력이 강해진다.

결국 내가 말하고자 하는 목적에 더 몰입하게 된다.

NBA 농구 스타 코비 브라이언트는 경기가 시작되기 전에 "나는 이 경기를 꼭 이길 것이다"라고 자신의 목표를 반복적으로 되뇌었는데, 이러한 자기 암시가 경기력에 큰 영향을 미쳤다고 했다.

낙동강 200km를 달리던 도중에 힘들 때마다 나는 중얼거렸다.

"308km도 완주했는데 이 정도는 얼마든지 할 수 있지."

아산 신정호 트레일런 100km 울트라마라톤 대회에서도 비 내리는 어두컴컴한 산길을 달리면서도 중얼거렸다.

"비가 퍼붓고 천둥이 쳐도 나는 멈추지 않는다."

무박 6일로 대한민국 종단 537km를 달릴 때도 마찬가지였다.

"그 어떤 난관이 닥쳐도 나는 무조건 임진각에 도착한다."

그렇게 오직 목표에만 집중하며 계속 중얼거리고 또 중얼거리며 달렸다.

그 중얼거림은 체력이 고갈되어 가고 정신적으로 힘들어질 때 더 자주 했고, 더 크게 했다.

나는 '말하는 대로 이루어진다'는 격언을 100% 신뢰한다.

그런 측면에서 중얼거림은 놀라운 힘을 발휘한다.

자신의 생각을 통제하고 싶다면, 무엇인가 이루고 싶다면 '중얼거리는' 연습부터 시작해 보자.

그 과정에서 훼방꾼을 만나면 다시 또 중얼거리면 된다.

"그러거나 말거나 나는 내 길을 간다"고.

내가 대한민국 종단 537km 달리기를 결심했을 때, 실패는 내

선택지에 없었다.

마음속으로 완주 외에는 그 어떤 것도 상상조차 하지 않았다.

그래서 나만의 성공 주문인 '중얼거림'은 달리는 내내 언제 어디서든 계속되었다.

이제부터 옆에 있는 누군가가 뭔가 중얼거리면 슬쩍 눈치를 챙기도록 하자.

그 사람, 지금 성공 주문을 외우는 중일지도 모르니까.

달리는 중에 힘들 때마다 나만의 성공 주문을 중얼거리곤 해.

"나는 할 수 있다. 나는 어떻게든 할 수 있다."

이렇게 소리내어 말하면 힘이 불끈 솟아.

그러니 너도 난관에 부딪힐 때마다 나처럼 중얼거려 봐!

중얼거림이 이내 비밀 무기가 될 테니까.

우리가 정복하는 것은 산이 아니라 우리 자신이다.

- 에드먼드 힐러리 (뉴질랜드의 산악인)

드디어 만났어, 한계를 넘은 나를

무려 537km를 가야 할 무박 6일이라는 시간은, 출발선에 섰을 때 한도 끝도 없이 멀게만 느껴졌다.

그렇게 두 다리로는 도저히 감당할 수 없을 것처럼 막막하게만 느껴졌던 그 시간들이 막상 달리다 보니 생각보다 빠르게 지나갔다.

폭염 속에서 힘들었던 100km 구간, 게다가 엎친 데 덮친 격으로 내리쏟는 폭우 속에 정신없이 달렸던 200km와 300km 구간, 그리고 다시 시작된 폭염에 종아리 화상까지 입으며 달렸던 400km 구간까지.

매 순간순간이 절대로 쉽지 않았지만, 그 악몽 같던 시간도 하나둘씩 지나가는 풍경처럼 내 뒤를 따라 흘러갔다.

그렇게 뛰다 보니 어느새 임진각이라는 이정표가 눈앞에 보이기 시작했다.

수없이 되뇌었던 '피니시'라는 단어가 이제는 정말 눈앞에 펼쳐졌다. 이미 체력은 한계에 다다랐지만, 마치 자석에 이끌리듯 나는 피니시를 향해 달리고 있었다.

그곳에는 내가 그토록 염원해 왔던 순간이 있다.

'조금만 더, 조금만 더!'

매 발걸음이 무겁게 느껴지다가도, 피니시가 가까워지자 신기하게도 발끝이 가벼워졌다.

더 이상 무거운 다리가 아니라, 오히려 마치 로켓 엔진을 단 것처럼 날아오르는 기분이었다.

쇳덩이처럼 무거웠던 몸이 새털처럼 가벼워지며 '러너스 하이'가 나를 덮쳤다. 나는 이제 곧 도착한다는 확신에 찼다.

그리고 문득 그곳, 피니시 라인에 나와 있을 친구들의 얼굴이 떠올랐다.

나를 응원해 준 사람들, 나의 완주를 그토록 간절히 바랐던 사람들이 피니시 라인에서 기다리고 있었다. 그들의 응원이 없었다면 내가 과연 여기까지 올 수 있었을까?

멀리서 그들이 보이기 시작하자 울컥하는 감정이 솟아오름과 함께 가슴마저 벅차올랐다.

그토록 나의 완주를 독려하고 기원해 준 이들이라는 걸 알기에, 그 순간은 말로 다 표현할 수 없을 만큼 감동이 북받쳤다.

그럴수록 내 다리는 점점 더 가벼워졌고, 나는 그들을 향해 힘차게 달려갔다.

내가 나에게 하는 응원도 더욱 커졌다.

'다 왔다, 미애야! 내가 해냈어.'

그 목소리는 내가 나 스스로를 믿었던 그 이상으로 나에게 힘을 주었다.

드디어 피니시 지점에 들어섰다. 주변에서 환호성이 터져 나오고, "박미애! 박미애!" 내 이름을 큰 소리로 외치는 소리가 들렸다.

그 순간, 마치 꿈처럼 느껴졌던 완주가 비로소 현실로 다가왔다.

그들이 내 이름을 연호할 때마다 나는 내가 정말 해냈다는 사실을 온몸으로 실감할 수 있었다.

가슴속 깊은 곳에서 뜨거운 감정이 치솟았고, 마침내 내가 한계를 뛰어넘어 지금 이 순간에 도달했다는 희열이 불끈했다.

나는 약속을 지켰다.

내가 나에게 한 약속.

그 약속 너머에서 나 자신과 마주한 순간, 눈물이 울컥 났다. 그동안 달려온 고달팠던 길이 주마등처럼 스쳐 지나갔다.

그 모든 것을 견뎌내고, 한계를 뛰어넘은 나를 만났다.

무박 6일의 종단 마라톤은 마치 끝없는 파노라마 같았어.

하지만 결국엔 끝났고, 한계를 뛰어넘은 나를 만났지.

너도 한 걸음씩 꾸준히 나아가다 보면

'어? 내가 여기까지 왔어?'하고 깜짝 놀랄 거야!

자기 확신은 성공을 향한 첫 번째 비결이다.

– 빈스 롬바르디 (미국의 미식축구 선수, 감독)

자신을 믿어봐. 주인공이 될 거야

537km를 완주한 뒤 '울트라러너의 날' 축하행사가 있었다. 그 자리에서 나는 완주 소감을 이렇게 말했다.

"먼 길을 달리며 저는 '정말 내가 해낼 수 있을까?'라는 의심을 단 한 번도 해보지 않았습니다. 오로지 저를 믿고 달렸을 뿐입니다."

오스트리아 출신의 신경정신과 의사이자 심리학자인 빅터 프랭클은 유대인 수용소에서 겪은 극한의 고통과 절망의 경험을 저서《죽음의 수용소에서》를 통해 밝혔다. 그는 수용소에서 살아남은 이들과 그러지 못한 이들의 차이는 신체적인 강인함보다는 그들이 미래에 대한 믿음을 가지고 있었는지, 그리고 자신에게 주어진 상황을 어떻게 받아들였는지에 달려 있다고 강조했다.

나는 내가 설정한 목표에 조금도 흔들림이 없었다.

그 어떤 역경과 난관에 부딪히더라도 나는 기필코 임진각에 도착한다는 확신을 지니고 있었다.

이런 자신감은 그동안 내가 준비한 과정과 그 과정을 통해 습득한 기술, 그리고 나에 대한 강한 신뢰에서 출발했다.

나무 위의 수많은 나뭇잎이 바람에 흔들리지만 그 모두는 하나의 나무에서 자라난 것들이다. 그렇듯이 우리 내면의 의심자는 외부의 바람에 쉽사리 흔들리게 하기 마련이다.

나에게는 그런 내면의 의심자가 없었다.

마라톤 도전자가 '별 탈 없이 완주할 수 있으면 좋겠어'라고 근심을 하는 순간, 두려움이 앞서게 되어 레이스를 제대로 할 수 없게 된다.

그렇기에 지레 걱정을 하기보다는 자신감을 갖고 레이스에 집중하면서 나에게 확신을 주는 대화를 계속해야 한다.

강력한 자기 확신은 목표를 명확하게 해주고, 단순하지만 놀라운 결과를 만들어낸다.

나는 달릴 때 눈에 보이는 것들에 현혹되지 않았고, 오히려 눈에 보이지 않는 것들을 믿었다.

퉁퉁 붓고 물집으로 고통받는 발보다, 벌겋게 익어 한없이 가려운 다리보다, 그동안 준비했던 노력의 결과를 믿고 반드시 해낼 거라는 나 자신을 믿었다.

온갖 유혹이 제아무리 나를 흔들어 대도 나만의 길을 가겠다는 내 의지를 꺾지는 못했다.

내가 자기 확신을 하는 방법은 이렇다.

'완주할 수 있을까?' '별일 없을까?'라고 스스로를 절대 의심하지 않는다.

대신 '나는 완주한다' '별일 없다'라고 반복해서 말한다.

레이스는 미래가 아닌 지금, 현재에 벌어지고 있는 현실이다.

잠재의식은 미래를 인식하지 못하고 오직 지금만을 인식한다고 했다.

그러므로 오로지 긍정적인 생각을 갖고 지금에만 집중해야 한다.

남의 의견을 중시하며 인생을 사는 사람들이 많다. 때론 다른 견해를 참고할 필요도 있을 것이다.

그러나 남에게 맞추는 인생은 남의 인생을 사는 것이나 다름없다. 주인공이 아닌 들러리 인생이다.

달리다 보면 상황은 계속 변한다. 롤러코스터를 타는 것보다 더 심한 혼미 상태에 놓이는 경우도 있다.

그럴 때일수록 중심을 잡고 자신을 믿어야 한다.

의지력은 흡사 배터리처럼 시간이 지남에 따라 서서히 힘을 잃어간다. 결국 저장된 에너지가 고갈되면 처음의 결심이 흔들릴 수밖에 없다.

하지만 그 순간에도 자기 확신을 잃지 말고 자신을 끝까지 믿으며 나아가야 한다. 나를 믿을 때 온 우주의 정신이, 진정한 힘이 나를 이끌어 성공으로 안내한다.

완주자가 되고 싶다면, 주인공이 되고 싶다면 반드시 주인공의 마인드를 가져야 한다.

나를 믿지 않고 다른 사람의 의견에만 귀를 기울이면

마치 영화의 엑스트라처럼 주연을 빼앗기는 인생이 될 거야.

그러니 자기 확신을 품고 주인공으로 나서야 해!

자신을 믿고 끝까지 가면 결국엔 멋진 이야기를 쓸 수 있을 거야!

행복은 오직 내가 받아들이기로 결정할 때 존재한다.

– 조지 오웰 (영국의 작가 · 언론인)

밥은 어떻게 먹고, 잠은 어디서 자?

시간이 길든 짧든, 아무튼 우리는 먹고 자야 한다.

울트라마라톤에서는 먹는다는 것이 단순한 식사가 아니라 치열한 생존의 수단이다.

하지만 의지와는 상관없이, 몸이 음식을 받아들이지 못할 때가 있다. 그 순간부터는 다리가 점점 무거워지고, 탈진이라는 최악의 상황이 성큼 다가온다. 아무리 뛰고 싶어도 더는 발을 떼지 못하는 상황, 그것이 먹지 못하게 될 때의 현실이다.

반대로, 음식을 잘 섭취하게 되면 몸은 마치 연료통을 가득 채운 듯 대단한 힘을 얻는다. 한 발, 또 한 발 앞으로 계속 나아갈 원동력이 되는 것이다.

결국, 먹는다는 것은 단순한 생존을 넘어, 목표를 향한 걸음을 지속시키는 가장 중요한 힘의 원천이 된다.

537km를 달릴 때, 25km 지점마다 물과 음료, 그리고 컵라면 같은 간편 음식들이 제공되었다. 50km 지점마다 밥 종류 같은 좀 더 튼실한 음식을 먹을 수 있었지만, 선진국들의 장거리 마라톤 대회에 비하면 음식 제공이 다소 부족했다.

그래서 나는 늘 배낭에 최소한의 행동식을 챙겨 넣어 다니며 먹었고, 그래도 배가 고플 때는 주변에 보이는 식당이나 편의점에 들러 속을 든든하게 채우며 달렸다.

내가 울트라마라톤 대회에 나갈 때마다 늘 듣는 말이 있다.

바로 '잘 먹어야 한다'는 말인데, 그래서인지 나는 정말 잘 먹고 많이 먹는다.

배가 고프면 힘이 딸려 잘 달릴 수 없으므로 CP에서 제공되는 음식은 반드시 챙겨 먹는다.

이것은 나의 완주를 위한 아주 기본적인 요소였다.

537km를 달리는 동안 내가 수면을 취한 시간은 고작 3시간 30분에 불과했다. 평소 같으면 상상도 할 수 없을 만큼 짧은 수면 시간이었지만, 대회에서는 전혀 그런 느낌이 들지 않았다. 오히려 충분히 잤다는 느낌마저 들 정도였다.

대회에 몰입한 탓인지, 그 짧은 시간조차 내게는 길고 만족스러운 휴식이 되었다.

　잠을 자는 곳은 따로 정해져 있지 않다. 경주로에서 만나게 되는 작은 마을의 정자나 버스정류장, 그런 곳이 우리의 휴식처였다. 나도 버스정류장 의자에 누워 잠을 잤고, 너무 지쳐 잠이 쏟아질 때면 그냥 길가에 주저앉아 눈을 붙이기도 했다.
　달리는 동안에는 쾌적한 잠자리가 있을 수 없다. 그저 몸을 누일 수 있는 작은 공간이면 충분했고, 위안도 되었다.

　경주로를 벗어나 목욕탕이나 숙박업소에서 자는 건 실격 사유다. 하지만 그럴 필요도 없었다.
　달리는 도중에 쉼을 취할 때는 편안한 장소가 중요한 게 아니라, 그 순간 주어진 작은 휴식에도 감사하는 마음가짐이 더욱 중요하다.

　씻는 문제도 스스로 해결해야 했다. 나는 배낭에 치약과 칫솔을 챙겨 다니며, 밥을 먹던 식당이나 공중화장실에서 양치질만 했다. 100km마다 들르는 식당의 야외 수도꼭지에서는 바가지로 온몸에 물을 끼얹곤 했는데, 여자인 내가 씻기엔 환경이 매우 열악했다.

300km 체크포인트에 도착했을 때, 그제야 처음으로 제대로 씻을 수 있었다. 딱 3일 만이었다. 땀으로 범벅된 몸과 옷에서 퀴퀴한 냄새가 났지만, 그런 것들은 나에게 중요한 문제가 아니었다.

최소한의 위생도 중요했지만, 그보다 더 중요한 것은 내 목표를 향해 멈추지 않고 나아가야 하는 내 발걸음이었다.

나는 최소한의 옷을 걸치고, 최소한으로 씻고, 먹고, 자며 그렇게 달렸다. 모든 여건이 충분치 않았지만, 그것이 내 목표를 막을 수는 없었다.

모든 게 불편하고 최악의 상황이었지만 내 머릿속엔 오직 하나, 임진각 그곳에 꼭 도착해야 한다는 것, 그 목표 하나가 나를 이끌어주었다.

모든 어려움은 그 목표 앞에서 작아졌고, 오직 그곳에 닿기 위한 나의 발걸음만이 중요했다.

나는 최소한으로 먹고, 씻고, 자면서 결국 완주했어.

그 속에서 부족함이 아닌, 오히려 작은 것들의 소중함을 깨달았지.

그러니 너도 작은 것들에 집중해 봐.

혹시 모르잖아? 그 안에 숨겨진 보물을 발견할지!

Part 6
새로운 내일을 맞이하는 길

습관은 우리의 두 번째 천성이다.

- 세네카 (고대 로마의 철학자 · 정치인)

나를 최고로 만든 건 습관적인 맹렬함이야

누구나 인생에서 한 번쯤은 자신을 극한으로 밀어붙여야 할 순간을 맞이하게 된다.

그 순간, 내 안에 숨겨져 있던 맹렬함이 깨어나서 나를 예상치 못한 길로 이끈다. 그 길에서 만난 나의 맹렬함은 한계를 넘어설 수 있게도 만든다.

내가 최고가 될 수 있었던 건, 숱한 도전 속에서 끝까지 밀어붙인 용기 덕분이었다.

달리기를 하며 새삼 부모님께 감사함을 느낀다.

건강한 몸, 특히 튼튼한 다리를 기가 막히게 물려주셨기 때문이다.

16년 동안 달려왔지만 내 다리는 한 번도 크게 말썽을 부린 적이 없다. 스트레칭도 거의 안 하지만, 다행히 부상도 피하고 있다.

덕분에 나는 계속해서 달릴 수 있었다.

이런 신체적 조건은 나에게 단순한 체력 이상의 가치를 지닌다.

바로 이 건강함이 내 안에 숨겨진 맹렬함을 펼칠 수 있는 토대가 된다.

내가 뛰는 매 순간, 부모님의 사랑이 나를 지탱해 주고 있다는 것을 느끼며 그 힘으로 나는 한계를 뛰어넘는 열정을 쏟는다.

이 맹렬함은 내가 달릴 수 있는 이유이자 내가 나아갈 수 있는 원동력이다.

'맹렬함'은 강한 열정이나 집착, 혹은 아주 강력한 의지와 집중을 뜻한다.

이런 맹렬함도 혼자서는 완벽하게 발휘될 수가 없다.

그 속에는 저마다 독특한 특성을 지닌 다섯 친구가 있다. 이 다섯 친구가 결합될 때 비로소 진정한 맹렬함이 완성된다.

자, 이제 그 친구들을 하나씩 소개한다.

1 앞뒤 안 가리고 돌진하는 친구 '저돌녀' – 무작정 앞만 보고 돌진하는 추진력의 대명사로, 주위를 사로잡는 친구다.
2 끝까지 해내는 집요한 친구 '끈기녀' – 목표를 세우고 나면 우물쭈물하지 않고 끝까지 달려가는 끈기의 화신으로, 한 가

지 목표를 향해 수미일관 파고드는 집착의 친구다.

3 냉철한 이성으로 판단하는 친구 '차도녀' – 아무리 힘들어도 감정에 휘둘리지 않고 상황을 이성적으로 판단하는 냉철한 친구다.

4 한계를 깨부수는 도전가 '한계 도전녀' – 한계가 뭐야? 스스로의 한계를 뛰어넘어 더욱더 높이 도전하는 친구다.

5 매일매일 새롭게 태어나는 친구 '리셋왕' – 새로운 시작을 다짐하며, 어떤 역경에 처해도 오뚝이처럼 일어나 또다시 움직이는 친구다.

이 다섯 친구는 각자 다른 방식으로 맹렬함을 표현하지만, 모두 한 가지 공통점을 갖고 있다.

바로 '습관적인 맹렬함'이다.

습관적인 맹렬함은 단순한 열정이 아니라, 일상 속에서 특정 행동이나 생각을 반복함으로써 형성되는 강력한 습관의 상태를 말한다.

습관적인 맹렬함은 미국의 심리학자이자 철학자인 윌리엄 제임스를 통해 알려졌다. 그는 인간의 행동과 사고에 있어 습관의 중요성을 강조했으며, 습관이 어떻게 우리의 행동 패턴을 형성하고, 나아가 우리의 삶의 질에 어떠한 영향을 미치는지를 설명했다.

방금 소개한 다섯 친구들이 없었더라면 나도 지금처럼 꾸준히 도전할 수 없었을 것이다.

모두 나의 삶에서 습관적인 맹렬함을 만들어주는 필수 요소들이다.

이렇게 다섯 친구와 함께하는 습관적인 맹렬함은 나를 한 단계 더 높이 끌어올려 주었고, 삶의 모든 순간에 힘과 에너지를 불어넣어 주었다.

나는 울트라마라톤 대회 중 예상치 못한 날씨 악화로 난관에 봉착한 적이 여러 번 있었다. 대회를 포기하는 게 좋겠다는 유혹도 많았지만, 내 안의 습관적인 맹렬함이 나를 끝까지 갈 수 있도록 이끌었다.

나는 난관에 직면할 때마다 심호흡을 크게 하고 나 자신에게 '해낼 수 있다'고 다짐에 다짐을 거듭했다.

아울러, 장거리 달리기에 철저한 대처 방안을 세우기 시작했다.

날씨에 맞는 옷과 장비를 점검하고 먹는 것을 조절하며 체력을 보존하는 데 집중했다. 이 모든 대처 방법은 '적극적으로 나서야겠다'는 생각 전에, 내 몸이 이미 반응하고 있었기 때문에 수월하게 세울 수 있었다.

그렇게 한 걸음, 한 걸음씩 나아가며 어려움을 극복했고, 결국 완주해 냈다.

습관적인 맹렬함은 온갖 역경에 직면할 때마다 본능적으로 행동하게 만드는 원동력이 되어주었다. 어려운 상황에서도 더욱 적극적으로 작동하여 나를 꿋꿋이 성장하게 북돋아 주었다.

마라톤처럼 어떤 일에서든 습관적인 맹렬함을 기르기 위해서는 목표를 향해 한 발짝 한 발짝 나아가는 꾸준함과 극한 상황에서도 멈추지 않겠다는 결단력이 필요하다.

그렇게 쌓인 습관적인 맹렬함은 그 어떤 어려운 도전에서도 결국 성공으로 이끌어준다는 이치를 잊지 말자.

내가 울트라마라톤을 완주해 낼 수 있었던 것은 바로 습관적인 맹렬함 덕분이야.

그러니 너도 이 맹렬함을 한번 챙겨봐!

습관적인 맹렬함은 마치 인생의 비밀 무기와 같아서

너를 무엇이든 해낼 수 있는 히어로로 만들어줄 거야.

잊지 마.

일상에서도 습관적인 맹렬함을 가지고 살아가면,

네가 원하는 모든 것을 이룰 수 있을 거야!

열심히 사는데 재미가 없는 너에게

협력은 갈등을 이겨내는 가장 강력한 무기다.

- 달라이 라마 (티베트 불교의 지도자)

울미따가 뭐야?

📷

2023년 12월 23일. 78말띠 달리기 소모임 중 하나인 '경기북부' 모임에 나갔다.

열댓 명 정도 되는 인원이었고, 처음 대면하는 친구들이 많아 서로를 향한 호기심이 가득한 자리였다.

달리기 경력이 비교적 짧은 편들이라 자연스레 나를 향한 관심이 쏠렸다.

78말띠 모임에 100km를 달려본 친구가 여럿 있긴 했지만, 308km를 완주한 사람은 나와 영원이뿐이었으니까.

"어쩌다 울트라마라톤을 하게 된 거야?"
"너무 힘들지 않아?"
"나도 할 수 있을까?"
질문이 연달아 날아왔다.

"하고자 한다면 누구나 할 수 있어." 내가 답했다.

관심있어하는 친구가 생각 이상으로 여럿 있었는데, 그중 가장 관심을 보인 친구 규종이가 눈에 들어왔다.

우리는 울트라마라톤에 대해 이야기를 나누었고, 그와 관련된 소모임을 만들면 좋겠다는 의견을 모았다.

이튿날 아침.

전날 경기북부 모임에 함께했던 친구 새건이가 장문의 메시지를 보내왔다.

"미애가 울트라마라톤 모임을 만들고 싶어 하는 것 같아서 내가 이름을 붙여봤어. 마음에 드는 걸로 골라서 진행해 봐."

몇 개의 이름 중 '울미따(울트라 미애 따라가기)'가 내 마음을 훔쳤고, 나는 곧장 78말띠 마라톤 밴드에 글을 올렸다. 왜 함께 달리는 것이 중요한지를 설명했으며, 함께하고 싶은 친구들을 모았다.

일곱 명이 함께할 의사를 밝혀왔다.

유규종, 이상우, 서태수, 유지행, 강한수, 정진선, 송준길.

그렇게 울미따 1기가 세상 밖으로 나왔다.

울미따는 단순히 달리기를 함께하는 것 이상의 의미를 갖고 있다. 이 모임을 통해 서로를 격려하고 힘든 순간을 함께 이겨내며,

달리는 즐거움을 배가시키는 데 목적이 있다.

100km 울트라마라톤 완주가 목표이기에, 정해진 거리를 달려야 하는 매월 미션도 주어진다.

울미따 공식 첫 대회로 5월 18일에 있는 한강울트라마라톤을 선택했다.

유규종, 유지행, 정진선, 김명섭, 전상현, 김종선 그리고 나까지 7명이 참가하기로 했다.

명섭이와 상현이, 종선이는 울미따에 뒤늦게 합류한 친구들이다.

대회 초반은 함께 달리고 중반부터는 개인의 페이스로 달린다는 전략을 세워 출발선에 섰다.

명섭이는 유튜브 콘텐츠를 위해 촬영을 하며 달렸고, 다른 친구들은 나와 인터뷰를 하며 즐겁게 달렸다.

50km 지점을 넘어가자 다들 슬슬 지치기 시작했다. 각자의 페이스로 갈 시간이 된 것이다.

그렇게 우리는 흩어졌다가 결승선에서 다시 만났다.

그리고 우리는 7명이 도전하여 7명 전원 완주라는 쾌거를 일궈냈다.

대회 전 우리는 50km를 함께 훈련하며 서로의 경험과 노하우를 공유했다.

같은 목표를 향해 나아가는 사람들은 서로를 더 잘 이해할 수 있고, 같은 꿈을 공유하게 마련이다.

모두가 완주할 수 있었던 것은 함께 달리는 과정에서 힘든 순간마다 친구들의 격려와 응원이 큰 버팀목이 되었을 것이다.

우리는 이제 단순히 동료가 아닌 서로의 친구이자 가족 같은 존재로 늘 함께하고 있다.

울미따를 솔선해 결성하고, 또 기꺼이 함께해 준 친구들 덕분에 이 모임이 지금까지 유지되고 더 성장해 올 수 있었다.

울트라마라톤에 함께 도전하며 나눈 고통과 기쁨, 그리고 서로를 격려하며 만든 소중한 추억들은 내 인생에서 큰 자산이 되었다.

나는 울미따와 함께하는 시간이 너무 값지고 소중하다.

친구들이 함께해 주지 않았더라면 지금의 울미따는 존재하지 않았을 것이다.

앞으로도 함께하는 이 여정이 계속되기를 바라며, 우리의 이야기가 쭉 이어져 나가길 소망한다.

울미따는 언제나 열려 있다.

함께하고 싶은 그 누구도 소중한 동료로 환영한다.

함께 달리고 공유하며 성장하고 싶은 마음이 있다면 언제든지 손을 내밀어도 좋다.

함께 나누며 달리는 기쁨과 우정이 당신의 삶에 풍성한 행복을 가져다줄 것이다.

울미따를 통해 내 친구들이 울트라마라톤에 도전하게 된 건 진짜 놀라운 일이야.

지금까지 멀게만 여겨왔던 목표에 거리낌 없이 도전했고,

결국 완주라는 쾌거를 이루어냈지.

이제는 너의 차례야.

뭔가 새로운 걸 만들어내고 싶다면 울미따에 손을 내밀어 봐.

새로운 도전은 항상 너를 기다리고 있어!

경기의 대부분은 정신력에서 결정된다.

당신이 얼마나 재능이 있든 간에,

정신력이 약하면 아무것도 이룰 수 없다.

– 마이클 조던 (미국의 농구선수)

코끼리의 족쇄는 이제 그만,
중요한 것은 정신력이야

호주 출신의 작가이자 TV 프로듀서인 론다 번은 자신의 저서 《시크릿》에서 사람의 의식의 영역은 10%, 나머지 90%는 무의식인 잠재의식의 영역이라고 했다. 무언가 진심으로 간절히 원하면 그것이 무의식 속에 새겨지고, 그 목표를 이루기 위해 모든 행동의 초점이 맞춰진다고 했다.

그녀는 이것을 '끌어당김의 법칙'이라고 이름 붙였다. 우리가 마음속 깊이 원하는 것들이 우리의 무의식에 자리 잡고, 그에 따라 우리의 행동과 노력이 그 목표를 향해 나아가게 된다는 것이다.

론다 번이 말한 것처럼, 나 역시 울트라마라톤에서 완주를 향한 강한 믿음과 열망이 나를 끝까지 밀어주었다.

'깡이 좋다.'

'멘탈이 강하다.'

사람들이 내게 하는 말인데, 나도 동의한다.

울트라마라톤은 하면 할수록 체력전이 아닌 멘탈전임을 느낀다.

나는 한 번 일을 시작하면 제대로 해야만 직성이 풀리고, 안 할 거면 아예 시작조차 하지 않는다.

537km를 달리기로 했고 대회에 참가했으니 목표는 오직 완주다. 이것은 내가 이루고자 하는 강력한 주문이다.

나를 괴롭히던 수많은 적군들의 유혹은 무박 6일 동안, 124시간 동안 계속 따라 다녔다. '왜 굳이 힘든 길을 가냐?'며, '발이 무척 아플 테니 쉬어라.'며 속삭이고 또 속삭였다.

어떤 유혹과 변수가 생겨도 흔들리지 않는 멘탈이 중요했다.

537km 대한민국 종단 대회에는 54명이 도전했고 26명이 완주했다.

완주자와 미완주자의 차이는 무엇일까?

나는 울트라마라톤은 어떤 장애물을 만나도 투철한 정신력과 꿋꿋한 자신감으로 밀고 나가는 멘탈전이라 생각한다.

완주자는 온갖 유혹에 맞서서 모든 에너지와 주의력을 온전히 집중한 사람들이다.

적군들이 몇 번이고 벼랑 끝으로 몰아넣고 완주의 길을 방해했지만 떨어지지 않고 버텨낸, 멘탈이 강한 사람들이다.

이런 강한 멘탈은 힘든 상황을 이겨내는 것을 넘어 나를 괴롭히는 적군을 만나도 긍정적인 태도를 취하게 해준다. 완주를 향한 길에서 불가피한 것임을 인정하고 묵묵히 버티고 버텨낸다.

내 성격은 한 가지에 집중하면 다른 장애요소들은 모두 차단되는, 꽤 단순한 편이다.

아무리 뜨거운 뙤약볕도, 앞이 보이지 않을 정도로 내리쏟던 폭우도, 내딛을 때마다 고통스러웠던 발의 통증도 모두 차단되고 오로지 임진각에 도착해야 한다는 목표에만 집중했다.

내가 달리기 영역에서 멘탈이 강하다고 해서 다른 영역에서도 다 그런 것은 아니다. 그러나 긴 시간의 숙성 과정을 거쳐 와인 맛이 깊어지듯, 내 멘탈도 역경 속에서 더욱 강해졌다.

나는 그 고통을 통해 성장했고, 또 새로운 가능성을 발견했다.

비록 나의 삶의 모든 역경을 일일이 공개할 수는 없지만, 나에게 있었던 시련은 나를 무너지게 한 것이 아니라 강하고 단단한 결정체로 만들어줬다. 그렇게 단련된 멘탈은 나에게 어떤 난관이 닥쳐와도 이겨낼 수 있는 힘을 갖게 했다.

이제는 그 어떤 고난이 들이닥쳐도 나는 흔들리지 않는다.

'올 테면 와봐. 기꺼이 받아줄게.'

인생의 변화를 꿈꾸는 사람들에게 가장 중요한 것은 멘탈이다. 삶을 행복하게 만드는 것도, 불행하게 만드는 것도 결국 멘탈이다.

멘탈은 근육과 같다. 사용하지 않으면 쇠약해지고, 사용하면 할수록 단단해진다. 그러니 몸에 힘을 기르기 위해 훈련을 하듯, 마음의 힘도 갈고 닦아야 한다.

서커스 코끼리의 이야기가 있다.

새끼 코끼리의 발목에 밧줄을 채워 말뚝에 매어둔다. 새끼는 처음에는 벗어나려고 안간힘을 쏟지만 말뚝은 꼼짝도 하지 않는다. 시간이 지나면서 코끼리는 탈출을 포기한다. 그렇게 몇 년이 흘러 어른 코끼리가 된 뒤 밧줄을 풀어주었더니, 도망가기는커녕 자신이 그동안 움직였던 반경을 벗어나지 않았다. 어른 코끼리는 웬만한 나무도 쓰러뜨릴 수 있는 강력한 힘을 갖고 있기에 얼마든지 말뚝을 넘어뜨리고 도망칠 수 있다. 그러나 무기력증에 학습된 코끼리는 자유를 주어도 그동안의 테두리를 벗어나지 못한다. 아예 벗어날 생각조차 하지 않는다.

이 이야기는 고정관념이 얼마나 우리를 옭아매는지를 보여주는 좋은 사례다.

우리는 더 이상 말뚝에 묶인 코끼리가 아니란 걸 깨달아야 한다. 나의 잠재력을 제한하고, 내가 나아가는 길을 방해하며, 새로운 기회를 박탈하게 하는 고정관념에서 벗어나야 한다.

이때 우리에게 중요한 것은 멘탈, 즉 정신력이다. 멘탈이 강할수록 과거의 한계에 얽매이지 않고 새로운 가능성에 집중할 수 있다. 제아무리 강한 적군들을 만나게 되어도 자신의 믿음에 금이 가지 않는다.

이제는 그 줄을 끊고 당당하게 앞으로 나아가자.

인생에서 중요한 것은 다리 근육이 아니라, 머릿속 근육이야.

체력에 한계가 와도 정신력이 버텨주면 끝까지 갈 수 있거든.

결국 마라톤이든, 인생이든 제일 중요한 것은 발이 아니라 멘탈이지.

다리야 힘내라~ 멘탈아, 더 힘내라!

열심히 사는데 재미가 없는 너에게

미친 자는 어떤 것을 깊이 사랑한다.

- 프리드리히 니체 (독일의 철학자)

미쳐서 좋은 게 뭐냐고?

'미치다'라는 동사는 국어사전에 "정신에 이상이 생겨 말과 행동이 보통 사람과 다르게 되다." "어떤 일에 지나칠 정도로 열중하다." 등으로 설명되어 있다.

그전에는 '미쳤다'는 말을 들어본 적 없던 나인데, 달리기를 하고부터는 자주 듣곤 한다.

비가 와도 달렸고, 눈이 와도 달렸고, 여행을 가서도 달렸고, 출장을 가서도 달렸다.

사람들은 내게 "왜 그렇게 미친 듯이 달리는데?"하고 달리는 이유를 궁금해했다.

나는 한 번 달리면 짧게는 10km부터 길게는 60km까지, 그때그때 상황에 따라 달린다. 장거리를 달리는 것은 나에게 집중할 수 있어 좋고, 그 시간은 늘 재미있다.

본격적으로 달리기를 시작한 후 나의 삶은 전혀 다른 방향으로 나아가기 시작했다.

과거에는 반복되는 일상 속에서 무기력함에 빠져 살았고, 무엇을 시도해야 할지도 몰랐다.

그러나 달리기는 그런 나를 새로운 길로 이끌었다. 한 걸음 한 걸음 쌓아나갈 때마다 내 자신을 믿게 되어 도전을 두려워하지 않게 되었고, '할 수 있다'는 확신이 내 마음속에 굳게 자리 잡았다.

장거리를 달리며 인내와 끈기를 배웠고, 몸과 마음이 점점 강해지는 것을 느끼며 삶의 주인공이 되는 기쁨을 알았다.

무엇보다 나는 이제 나의 인생을 감사함으로 바라보게 되었다. 나에게 주어진 하루하루가 축복이고 그 시간을 열심히 살아가는 것이 얼마나 소중한지를 깨닫게 되었다.

달리기는 단순한 운동이 아니라 나의 삶을 긍정으로 바꿔놓은 선물이었고, 나는 이 새로운 삶의 방식에 매일 감사하고 있다.

내가 달리기를 통해 배운 것은 '삶을 대하는 태도'다.

"그렇게 달려서 뭐가 좋은데?" 자주 듣는 질문이다.

나는 달리기를 하면서 가급적 아무런 생각을 하지 않으려고 한다. 내가 놓여 있는 환경에 집중하려 노력하고, 보고 느끼는 것에 몰두한다. 달리는 거리와 속도를 알려주는 시계의 기계음도 거부한다.

그렇게 달리다 보면 무아지경에 빠져 온갖 상념이 사라지고 마음이 가벼워져 머릿속이 깔끔하게 정리되는 기분이 든다.

내가 장거리를 달리고 싶어질 때는 마음의 안정이 필요할 때다. 괴로움과 분노, 복잡한 문제로부터 자유로워지고 싶을 때 주로 달린다. 내 호흡과 발걸음에 집중해 달리다 보면 어느새 괴로움과 분노에서부터 벗어나게 된다.

밤을 새우며 직접 달려보지 않은 사람은 이해할 수 없는, 달리기의 묘한 매력이다.

내가 달리기를 하지 않았더라면 힘든 시기를 어떻게 버텼을까 생각해 본다.

달리기는 내게 '자기 확신'을 심어주었고, 새로운 무대를 만들어 그 위에서 내가 마음껏 춤추며 즐길 수 있게 해주었다. 삶의 주인공으로 당당히 서게 해주었고, 내 존재의 의미를 더욱 분명하게 만들어주었다.

또, 달리기를 하면서 좋은 사람들도 많이 만나게 되었다.

때로는 혼자서 밤새 달리기도 하지만, 때로는 함께 발을 맞추며 달리는 사람들이 있다는 것은 행운만큼 값지고 의미 있다.

함께 달리는 사람들과 서로의 성장을 응원하고, 배움과 경험을 나누는 것은 달리기를 하며 느끼는 즐거움 중 하나다. 같은 목표를 향해 달리면서도 각자의 방식으로 나아가고, 그 과정에서 서로에게 힘이 되어주기도 한다.

이 모든 것은 내가 달리기에 미친 이유이자, 달리기가 좋은 이유다.

달리기를 하면서 삶이 나빠졌다는 사람의 이야기는 들어본 적이 없다.

나는 달리기가 인생을 충분히 바꿔줄 수 있는 하나의 좋은 수단이라고 단언한다.

영국 출신의 철학자 제임스 앨런은 한 사람의 사고방식이 그의 삶을 어떻게 형성하는지를 성찰한 끝에 "사람은 자신이 생각하는 대로 된다"고 갈파했다.

주도적인 삶을 원한다면,

자신감을 갖고 싶다면,

변화가 필요하다면,

문을 박차고 나가 천천히 달려보자.

달리기가 인생을 변화시켜 준다고 믿으면 두 다리가 자연스럽게 그 변화의 길로 이끌어줄 것이다.

내가 달리기에 미친 이유는 간단해!

좋은 사람들을 만나게 되었고,

자기 확신까지 얻으면서 내 인생의 주인공이 되어버렸거든.

너도 한번 달려봐! 누가 알겠어?

너도 나처럼 인생의 주인공 자리를 꿰차게 될지!

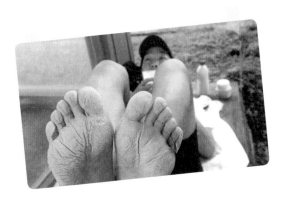

잘 시작하는 것이 잘 끝내는 것보다 더 중요하다.

- 아리스토텔레스 (고대 그리스의 철학자)

괜찮아, 아기 걸음처럼 시작해 봐

나의 조언으로 달리기를 시작한 사람들이 많다.

울트라마라톤이 무엇인지조차 몰랐던 이들이 나를 통해 울트라마라톤에 동참하게 되었고, 나는 부지불식간에 울트라마라톤 메신저가 되었다.

내가 처음 울트라마라톤을 하기로 결심했을 때, 가슴속에는 걱정과 두려움이 가득했다.

특히 537km를 뛰어야 한다는 것에 대한 막막함과 공포심도 있었다.

처음 시작할 때에는 누구나 걱정스럽고, 두렵고, 할 수 있을까 의심이 드는 것은 당연하다.

그러나 이제는 내가 이룬 결과로 나 자신을 증명했고, 많은 사람이 나를 신뢰해 주고 있다.

자전거를 처음 배울 때를 생각해 보자.

누구나 처음에는 엎어지고, 울고, 다시 일어나기를 수없이 반복한다.

그러나 그 과정을 통해야만 비로소 자전거를 자연스럽게 탈 수 있게 된다.

울트라마라톤도 마찬가지다. 처음에는 아기 걸음처럼 작은 발걸음으로 한 발짝씩 차근차근 내딛는 것이 중요하다.

아무리 작은 걸음이라 해도 그것들이 모여 결국 큰 목표에 다가가게 해줄 테니까.

내가 달리기를 처음 시작했을 때 도전한 거리는 고작 400m였다.

그리고 거리가 차츰 불어나 첫 대회에 참가한 거리는 10km였다. 하지만 그 10km조차 내게는 너무나도 벅찬 거리였다.

다리가 아프고, 숨이 심하게 차오르고 해서 포기하고 싶었던 적이 한두 번이 아니었다.

'달리기가 왜 이렇게 힘든 거지?'라는 생각이 머릿속을 줄곧 맴돌았다.

그러나 나는 역부족임을 느끼면서도 멈춤 없이 계속 나아갔다. 매일 조금씩 거리를 늘려가며 결국 40km, 100km로 나아갔고, 그

렿게 달리고 난 후 느끼는 성취감은 큰 힘이 되었다.

아기 걸음처럼 시작한다는 것은, 바꿔 말하면 작지만 뚜렷한 목
표를 꾸준히 설정해 나간다는 것과 마찬가지다.

아기가 걸음마를 처음 배울 때 대략 백 번 가량 넘어진다고 한
다. 이 과정에서 아기는 균형을 잡게 되고 근육을 발달시키며, 결
국에는 아장아장 걷는 법을 익히게 된다.

400m로 시작한 나는 그 후 매주 일요일마다 12km 뛰기를 목
표로 설정하고, 차츰차츰 거리와 속도를 늘려갔다.

힘든 순간에도 매번 작은 목표를 달성하며 쌓아가는 경험은 자
신감을 북돋아 주었다.

누구나 처음은 어렵고 두렵다. 하지만 그 작은 아기 걸음이 모
여 결국 큰 성취로 이어진다.

여러분도 무엇인가를 이루고 싶다면 처음에는 작은 목표를 세
우고 아기 걸음처럼 시작하는 것이 좋다.

그 작은 첫걸음이 여러분이 꿈꾸는 곳으로 이끌어줄 테니까.

좋은 취미는 인생의 벗이라 했다.

취미를 통해 우리는 새로운 기술을 배우고, 감정을 표현하며 다

양한 경험을 한다.

처음 몇 번의 시도가 실패로 끝날 수 있지만, 그 작은 실패들이 결국은 더 나은 나로 성장하게 하는 발판이 될 것이다.

나는 아기 걸음처럼 작고 꾸준한 시도를 통해 인생의 벗인 취미를 만났다.

달리기라는 취미는 내 삶을 풍요롭게 했고 어려운 순간에도 마음의 안식을 느끼게 해줬다.

이 길은 나를 더 넓고 높은 세상으로 이끌어주었다.

그러니 여러분도 성별이 무엇이든, 나이가 몇 살이든, 달리기 경험이 있든 없든 마음의 짐을 털어내고, 멋진 여행을 시작해 보길 바란다.

작은 발걸음이 큰 꿈으로 이어질 테니까.

나는 아기 걸음으로 시작해서 결국 537km 울트라마라톤을 완주했어.

믿기 힘들겠지만, 나도 처음에는 뒤뚱거리며 이리저리 넘어지기 일쑤였지.

지금 돌이켜 생각해 보면,

그때의 나에게 '정신 차리고 다시 일어나!'라고 한 번만 더 외쳐주고 싶어.

그러니 너도 너의 꿈을 향해 아기 걸음처럼 한 발짝씩 내딛어 봐! 넘어져도 괜찮아.

네가 가고 싶은 그곳까지 가는 길은 마치 사탕 가게에 가는 길처럼 달콤할 거야.

처음엔 힘들어도, 결국엔 그 길에서 너 자신을 발견할 수 있을 거야.

운동을 시작하는 것은 결심만으로는 이룰 수 없다. 실제로 행동으로 옮기는 것이 중요하다.

이 체험형 섹션은 작지만 실질적인 변화를 직접 경험해 볼 수 있도록 했다.

하루 30분 걷기나 달리기라는 작은 목표를 일주일 동안 실천하면서 일상 속에서 자신을 위한 시간을 마련하고, 꾸준함이 어떻게 성취감을 만들어내는지 느껴보자.

이 경험을 통해 얻는 작은 성공은, 더 큰 도전에 대한 자신감을 키워줄 것이다.

동네 한 바퀴 달리기부터 시작했던 나 역시 이러한 작은 목표들이 쌓여 울트라마라톤을 완주하게 된 것처럼, 여러분도 이번 체험을 통해 새로운 변화의 실마리를 만들어보자.

목표:

날짜	일	일	일	일	일	일	일
운동 시간							
운동 강도							
감정 상태							
달성 여부							
보상 계획							

아무리 많이 후회한다고 해도 과거를 바꿀 수는 없다.

아무리 많이 걱정한다고 해도 미래를 바꿀 수도 없다.

그렇기에 이제는 지금의 삶을 생각할 때이다.

- 로이 T. 베넷 (미국의 작가)

이제 걱정의 내비게이션은 끄고
새로운 경로로 달려봐

'달리면서 무슨 생각을 하느냐?'는 질문을 종종 받는다.

막 출발할 때는 복잡한 고민이나 걱정을 그대로 안고 시작하는 경우도 있지만, 달리다 보면 그런 상념들은 자연스럽게 사라진다. 이제는 달리는 동안 오로지 나 자신에게 집중할 수 있게 되었다.

한 연구에 따르면, 사람들은 미래의 부정적인 사건이 일어날 확률을 과대평가하는 경향이 있다고 한다. 이는 위험 감수 성향이나 과거의 안 좋은 경험과 같은 심리적 요인들 탓인데, 이러한 부정적 요소들이 사람들에게 불필요한 걱정을 불러일으키고 실제로는 발생하지 않을 사건에 대한 두려움을 증폭시킨다고 한다.

자동차에서는 내비게이션이 갈 길을 이리저리 안내해 주듯이, 인생에서도 뭔가 삶의 여정을 안내해 줄 내비게이션이 필요하다.

그래서 구체적인 목표를 설정한 뒤, 그 목표에 도달하기 위해 다양한 경로를 선택하며, 경험을 통해 계속 나아가는 것이다.

이렇듯 내비게이션이 제공하는 안내와 피드백은 삶에서도 매우 중요한 역할을 한다.

인생의 내비게이션은 내가 원하는 목적지를 설정할 수 있게 해 준다. 목적지가 명확하면 그에 따라 길을 찾아가는 과정이 더욱 알차고 의미 있게 된다.

그래서 목적지 설정은 인생에서 매우 중요한 단계다.

내가 537km를 완주하기로 결심했을 때, 그 목표가 인생의 큰 이정표가 되었다. 목표가 분명할수록 그 길은 더욱 선명하게 보이고, 그에 필요한 준비를 더 세밀하게 할 수 있게 된다.

내비게이션이 여러 경로를 제시하듯, 인생에서도 다양한 선택의 기로에 서게 된다. 그때 올바른 경로를 선택하는 것이 삶에서 중대한 결정이 된다.

경로선택은 내가 어떻게 나아갈지를 결정하는 중요한 요소다. 나 역시 다양한 훈련 방식과 달리기 코스를 탐색하면서 최적의 경로를 선택하기 위해 많은 고민을 했다.

내비게이션이 현재 위치를 실시간으로 알려주듯, 인생도 수많은 경험을 통해 그에 따른 피드백을 제공한다. 이러한 피드백이 있기에 더 나은 방향으로 나아갈 수 있게 된다.

실시간 피드백은 달리기 진행 상황을 점검하는 데 큰 도움이 되었다.

내가 537km를 달리면서 잠을 잔 시간은 고작 3시간 30분에 불과하다. 무박 4일 동안 잠을 전혀 자지 못했기 때문에, 달리는 도중에 극심한 피로감을 느꼈고, 결국 4일째에는 피로 누적으로 몰아서 잠을 자야 했다.

나는 체력의 변화를 통해 무엇이 필요한지를 알 수 있었고, 그 피드백에 따라 체력을 안배해 나갔기에 완주를 할 수 있었다.

인생에는 예상치 못한 장애물이 나타나기 마련이다. 그럴 때마다 내비게이션이 또 다른 우회로를 제시하듯이, 어려움을 극복하기 위해서는 유연한 사고와 순발력 있는 대처능력을 발휘해야 한다.

537km를 뛰는 도중에 마주친 갖가지 어려움은 결코 작지 않았다. 그러나 그 순간순간마다 새로운 해결책을 찾았고, 불안의 내비게이션은 껐다.

내비게이션이 항상 정확한 길을 안내하지 않듯, 인생에서도 불확실성은 늘 존재한다. 이때 그런 상황을 받아들이고 그에 적응해 나가는 것이 성장에 중요한 요소가 된다.

불확실성은 삶의 일부분이다. 537km를 뛸 때, 예상치 못한 날씨 악화와 체력 저하 등 여러 변수에 직면했지만 나는 기꺼이 이러한 불확실성을 받아들이고 계속 전진해 나아갔다.

내비게이션을 통해 다양한 경로를 경험하듯, 인생의 경험도 선택과 결정에 중대한 영향을 미친다.

경험의 축적은 나의 길을 더욱 풍요롭게 만들어주었다. 537km를 달리며 쌓은 모든 경험은 내 삶의 소중한 자산이 되었고, 나는 이제 2025년에 있을 대한민국 종단 622km를 기다리고 있다.

인생을 살면서 불안의 내비게이션을 켜면 끝없이 불안한 길로 안내받게 된다.

537km를 뛰며 마주한 수많은 도전과 어려움은 그 길이 얼마나 험난한지를 알려주었다.

내가 잘못된 길을 선택했을 때 다시 돌아가야 했던 것처럼, 인생에서도 잘못된 길로 들어서면 내비게이션을 통해 새로운 경로를 찾아야 한다.

열심히 사는데 재미가 없는 너에게

나는 이러한 과정 속에서 불안과 두려움은 내려놓고, 오히려 경험을 통해 더 나은 방향으로 나아가는 방법을 익히게 되었다. 울트라마라톤처럼 인생도 결국 계속해서 수정하고 조정하며 나아가는 여정이다.

목표를 향해 나아가면서 마주하게 되는 어려움은 단순한 장애물이 아니라, 더 나은 나로 성장할 수 있는 기회였다.

그러니 여러분도 불안의 내비게이션은 끄고 한번 새로운 경로로 달려보라.

그 길에서 실행하는 도전들이 당신을 더욱 강하고 성숙하게 만들어줄 것이다.

걱정과 불안은 일단 내려놓고, 하고 싶은 일에 도전해 봐!

인생은 한바탕의 대모험이니까.

두려움을 벗어던지고 새로운 길로 뛰어드는 것이야말로

진정한 '영화'의 주인공이 되는 법이야.

그러니 걱정의 내비게이션은 꺼버리고, 주인공처럼 과감하게 질주해 봐!

나중에 '내가 어떻게 살아왔지?'라고 물어볼 때,

'아, 그때 내가 불안의 내비게이션을 껐지!'라고 웃으며 말할 수 있도록!

Epilogue

기억해, 나의 가장 열정적인 팬은
바로 나 자신이야!

◆

무박 6일 동안 대한민국 종단 537km를 달린 그 여정은 단순한 도전이 아니었다.

54명이 출발해서 26명만이 완주한 힘든 길이었다.

포기자도 많았고, 나 자신과의 싸움은 끊임없이 이어졌다. 때로는 내 체력의 한계를 시험했으며, 멈추고 싶고 자고 싶은 유혹이 계속 밀려왔다.

하지만 나는 나의 열정적인 팬으로서, 나에게 포기란 없다는 일념만을 되뇌며 달렸다.

이 긴 여정 속에서, 나를 응원해 준 사람도 많았지만 결국 나를 가장 강력하게 지지해 준 존재는 바로 나 자신이었다.

남들이 포기를 고민하는 순간에도, 또 포기를 하는 순간에도, 나는 꿋꿋하게 계속 달렸다.

수없이 멈추고 싶었지만 마음속의 목소리가 '임진각까지 간다! 계속 달려!'라고 외쳐댔다.

나를 믿고 지지하는 것은 내가 나에게 준 최고의 선물이었다.

완주라는 목표는 단순한 끝이 아니라, 그 과정에서 나의 한계를 넘어서고 새로운 가능성을 발견하는 기회의 시간이었다.

나 자신을 응원하면서, 나는 더 이상 걱정에 휘둘리지 않고 내 안의 힘을 믿고 묵묵히 나아갔다.

내가 내 삶의 가장 열정적인 팬이 되어, 언제나 나를 지지하고 격려할 수 있다는 큰 깨달음을 얻었다.

이제 나는 또다시 새로운 도전을 향해 나아갈 것이다.

내 안의 팬이 계속해서 나를 응원할 것이니까.

그러니 여러분도 잊지 않았으면 좋겠다.

여러분의 가장 열정적인 팬은 바로 자신이라는 사실을.

힘들고 어려운 순간이 닥쳐와도, 스스로를 믿고 지지하는 것이야말로 가장 큰 힘이 된다.

나는 2025년 7월, 대한민국 종단 622km 대회에 참가할 예정이다.

이 새로운 도전은 나의 또 다른 한계를 시험할 것이고, 새로운 가능성을 발견하는 기회가 될 것이다.

계절이 순환하고 해가 바뀌어도, 나는 끊임없이 도전하며 성장해 나갈 것이다.

이 여정에서 만나는 모든 순간이 나를 더욱 강하게 만들 것이다.

나는 다시 한 번 나 자신과 나의 열정적인 팬에게 감사하며 앞으로 나아가려 한다.

마지막으로,

내가 내 삶을 응원하며 한계를 뛰어넘었던 것처럼, 여러분도 스스로를 믿고 어떤 어려움이 닥치더라도 흔들리지 말고 끝까지 나아가길 바란다. 결국, 스스로를 믿는 그 자부심이 여러분에게 가장 큰 힘이 될 것이다.

이 책은 저의 개인적인 이야기가 아니라 여러분과 함께 쓰는 여정입니다.

여러분의 달리기 이야기 혹은 삶의 도전, 감동을 이곳에서 함께 나누어 보세요.

이 페이지에 직접 여러분의 글을 적어보세요.

여러분이 도전했던 가장 긴 여정은 무엇이었나요?

_____

_____

_____

_____

_____

달리기 혹은 인생에서 가장 큰 성취감을 느꼈던 순간은 언제였나요?

_____

_____

_____

_____

_____

열심히 사는데 재미가 없는 너에게

자신과의 싸움에서 이긴 순간이 있다면 어떤 순간이었나요?

_____

_____

_____

_____

_____

인생에서 여러분이 가장 중요하게 여기는 가치는 무엇인가요?

_____

_____

_____

_____

_____

이 여정을 함께해 주셔서 감사합니다.

"나는 나만의 속도로 인생을 살아가며 그 어떤 어려움도 극복할 수 있다고 믿는다."

이 한 줄 결심은 내가 울트라마라톤을 통해 배운 가장 중요한 교훈을 담고 있습니다. 처음에 시작할 때는 걱정과 두려움이 가득했지만, 각 단계마다 나의 속도로 꾸준히 나아가는 것이 가장 중요하다는 것을 깨달았습니다. 달리기는 단순한 운동이 아니라, 삶을 살아가는 태도와도 연결되어 있습니다.

이 결심을 통해 나는 매일 나의 목표를 향해 나아가기로 다짐하며, 나의 속도가 느리든 빠르든 그 과정에서 얻는 경험과 성장이 가장 소중하다는 것을 잊지 않을 것입니다.

여러분도 자신만의 한 줄 결심을 만들어보세요. 이 결심은 여러분이 달리기뿐만 아니라 삶의 모든 도전에서 긍정적이고 강한 마음가짐을 유지하는 데 큰 힘이 될 것입니다. 어려운 순간마다 이 결심을 떠올리며 자신의 마음을 다시 다잡아 보세요.

나의 한 줄 결심